中国少数民族人口丛书

彝族

翟振武 主编

王明贵／著

中国人口出版社
China Population Publishing House
全国百佳出版单位

图书在版编目（CIP）数据

彝族/王明贵著．—北京：中国人口出版社，2012.12（2022.7重印）
（中国少数民族人口丛书）
ISBN 978-7-5101-1516-5

Ⅰ．①彝…　Ⅱ．①王…　Ⅲ．①彝族—民族文化—中国
Ⅳ．①K281.7

中国版本图书馆 CIP 数据核字（2012）第 288347 号

中国少数民族人口丛书　彝族
ZHONGGUO SHAOSHU MINZU RENKOU CONGSHU　YIZU
翟振武　主编　王明贵　著

责任编辑　曾迎新
美术编辑　刘海刚
责任印制　林　鑫　王艳如
出版发行　中国人口出版社
印　　刷　北京兴星伟业印刷有限公司
开　　本　710 毫米 ×1000 毫米　1/16
印　　张　10.75　插 1
字　　数　147 千字
版　　次　2012 年 12 月第 1 版
印　　次　2022 年 7 月第 2 次印刷
书　　号　ISBN 978-7-5101-1516-5
定　　价　45.00 元

网　　址　www.rkcbs.com.cn
电子信箱　rkcbs@126.com
总编室电话　(010) 83519392
发行部电话　(010) 83510481
传　　真　(010) 83538190
地　　址　北京市西城区广安门南街 80 号中加大厦
邮　　编　100054

序

如果把一个民族比作一颗星星，那我们就是生活在一个繁星满天的世界。当今世界上有约 3000 个民族，分布在 200 多个国家和地区，绝大多数国家由多个民族组成。中国也是同样，是由各族人民共同缔造的统一的多民族国家。在漫漫的历史长河中，生活在中华大地上的各族人民密切往来、交流融合、团结奋斗、休戚与共，形成了一个伟大的强盛的中华民族大家庭，共同开发了祖国的美好河山，共同推动了国家的发展和社会的进步。

在中华民族的大家庭中，有 56 个成员，其中有 55 个是少数民族。新中国成立以来，少数民族人口一直持续增长。1953 年第一次全国人口普查时，少数民族人口总数为 3532 万人，占全国总人口的 6.1％。2010 年进行第六次全国人口普查时，少数民族人口总量达到了 1.14 亿，几乎是 1953 年的 3 倍，占到了全国 13.4 亿人口的 8.5％。各少数民族人口数量相差较大，如壮族有 1693 万人，回族 1059 万人，满族 1039 万人，维吾尔族 1007 万人，而赫哲族只有 5354 人，塔塔尔族 3556 人，独龙族 6930 人。中国各民族的人口分布呈现大散居、小聚居、交错杂居的特点。汉族地区有少数民族聚居，少数民族地区也有汉族居住；许多少数民族既有一块或几块聚居区，又散居全国各地。中国少数民族聚居区大都地广人稀，资源富集。少数民族地区的草原面积，森林和水力资源蕴藏量，以及天然气等基础储量，均超过或接近全国的一半。全国2.2万多公里陆地边界线中的1.9万公里在民族地区。全国的国家级自然保护区面积中民族地区占到85%以上，是国家的重要生态屏障。中国各民族的起源和经济、社会、文化的发展有着本土性、多元性、多样性的特点，五彩缤纷，丰富多彩。

要全面认识中华民族，就要从认识每一个民族开始。正是从这个理念出发，我们编写了这套《中国少数民族人口》大型系列丛书，力图从历史、文化、经济、社会等各个方面，用准确、科学、生动的语言，全方位描述和展现各少数民族灿烂辉煌的历史和现状，编织出一幅绚丽多彩的中华民族大家庭的“全家福”。

编写这样一套大型系列丛书，难度非同一般。几经论证和深入研讨，最终形成了编写大纲，这套丛书各个分卷的作者绝大多数由少数民族作家担任，他们不仅熟悉自己民族的历史和文化，而且对本民族有深厚的感情。在国家新闻出版总署、国家人口计生委和中国人口出版社的大力支持下，作者们历经数年，几易其稿，终成此书。值此丛书出版之际，我们衷心地祈愿这幅“全家福”能为民族的交流和团结，为中国的文化建设，为整个中华民族的繁荣昌盛，作出一份微薄的贡献。

翟振武

2012年5月于北京

PREFACE

Every nationality sparkles like a star in the firmament. Now we have about 3000 stars distributed across the world in more than 200 countries, most of which are multinational. So is China, which consists of a number of nationalities. For centuries, all the nationalities have lived together, worked together and fought together, making China a prosperous unified multinational country.

Of all the 56 nationalities in China, 55 are minorities whose population has been increasing since the founding of The People's Republic of China. According to the first census in 1953, the minority population was about 35. 32 million, accounting for 6. 1 percent of China's total population. By 2010, the number had almost tripled. According to the sixth census, the population of the minorities amounted to 114 million, making up 8. 5 percent of the 1. 34 billion people in China. The population size of minority groups varies a lot. Some of them have a large population, for example, the Zhuang Nationality has a population of 16. 93 million; the Hui has 10. 59 million people and the Manchu consists of 10. 39 million people. Some of the minorities are quite small, such as the Hezhe, the Tatar and the Drung nationalities, which have populations of 5354, 3556 and 6930, respectively. China's nationalities live together over vast areas with some living in individual, concentrated communities in small areas.

Some minorities' concentrated communities are scattered among the Hans, and some Han people also live in the minority communities. Some minorities may have one or more concentrated communities, while their people spread all over the country. Most minorities' concentrated communities have their people sparsely distributed in large areas with abundant resources. The grassland, forest, water and natural gas reserves in areas inhabited by minority people account for about half of China's total. Further, 19 000 kilometers of the nation's 22 000-kilometer land boundary are in minorities' communities. In addition, 85 percent of the country's state-level natural reserves are in the minority areas, making the people important guardians of China's ecology. Each of the nationalities' origin is unique, and their development of economy, society and culture is full of variety.

Only by learning every aspect of the minorities' lifestyle can we have a comprehensive understanding of the Chinese nation. Under this notion, we write this series of books on the Population of China's Minorities to provide a detailed picture of our Chinese nation, with the glorious past and prosperous present of the country's minorities.

It is through trials and tribulations that we write this spectacular series of books. Most of the authors, who have profound knowledge of the minorities and wrote the books with their strong emotions, are members of minority groups. With the great support of the National Publication Foundation, the National Population and Family Planning Commission and China Population Publishing House, the authors completed the books after years of unremitting endeavor.

On the publication of this series of books, we are looking forward to seeing these books contribute to the unity of the Chinese nation and help our country flourish in the future.

Zhenwu Zhai

Beijing

May 2012

目录

综　述

西南群山中闪亮的火把

“从大小凉山到金沙江畔，从乌蒙山脉到红河两岸，妈妈的乳汁像蜂蜜一样甘甜，故乡的炊烟湿润了我的双眼……”诗人歌唱的是祖国美丽富饶的大西南，在丘陵连绵的云贵高原上，在莽莽苍苍的西南群山之间、滔滔不绝的金沙江畔、滚滚奔流的红河两岸，居住着一个古老而年轻的民族——彝族。她在历史的长河中创造了自己独特的文明，就像西南群山中闪亮的火把，从远古的山路上绵延而来，走向祖国更加美好的明天。

彝族有人口 8 714 393 人（2010 年六普数），在少数民族中仅次于壮族、回族、满族、维吾尔族、苗族，居第六位。主要分布在云南、四川、贵州、广西、重庆 5 个省区市，其中云南省有 500 多万人，四川省有 200 多万人，贵州省有 80 多万人。总体情况是大分散、小聚居。全国有 3 个彝族自治州，19 个彝族自治县，60 个县市区的 260 个民族乡有彝族居住。2010 年彝族人口数占全国人口总数的 0.65%，与 1964 年相比年平均增长 2.26%，人口绝对数量在增加，但总体增幅呈下降趋势。性别结构基本平衡。

彝族人民世代繁衍和生息的云贵高原和康藏高原东南部边缘地带有大雪山、大凉山、乌蒙山、哀牢山、无量山等山脉，高山耸立，群峰竞秀，山脉蜿蜒，气势磅礴；有奔腾汹涌的大渡河、金沙江、雅砻江、安宁河、沅江、澜沧江、南盘江等河流，江河绵延，水流奔腾，溪涧潺潺，湖泽星布。在这高山大河之间，山环水绕之处，偶尔有一些河谷和盆地，像一叶小舟孤独地漂泊在湖海之间。

自开天辟地，彝人有好根。彝族族源主源是西南地区土著人，在发展过程中融入了部分其他民族。彝族在蜀汉时受封建“罗甸国”，唐朝有“南诏国”、“滇国”，宋代有“罗施鬼国”、“自杞国”等方国。由于居住区的分隔，支系繁多，有许多自称和他称，如“夷”、“蛮”、“罗罗”、“诺苏铺”、“纳苏铺”、“聂苏泼”等60多种，其中以后三种为自称的占总数的50%以上。新中国成立以后，毛泽东主席提议将“夷”改为“彝”，把“鼎彝”的“彝”作为彝族的统称，象征彝族具有悠久的历史、灿烂的文化，与祖国大家庭各兄弟民族鼎足而立于国中，团结一致，在中国共产党的领导下，创造美好未来。

彝族古代婚姻实行民族内婚，与外民族不婚，即“黄牛是黄牛，水牛是水牛”；等级内婚，不同等级之间不婚，即“山羊是山羊，绵羊是绵羊”；家支外婚，家支内部不婚，叫“乱亲不乱族”；姨表不婚，叫“姨妈姊妹”，姑舅表优先婚，叫“亲上加亲”。家庭则以一夫一妻制家庭为主，有极少的一夫多妻家庭。父母从幼子居住，其他儿子成家后分出去独立门户。女儿出嫁，极少赘婿。幼子继承父母财产，负责赡养父母。“父欠子债是娶媳成家，子欠父债是养老送终”，婚与丧是彝族人生的两件大事。成长到十三四岁，男孩举行“换裤子”、女孩举行“换裙子”的成人仪式之后，就可以融入社会，进行社交，谈情说爱，成家立业。成长到老，劳动、家业等逐渐由下一辈人代理。彝族丧礼十分隆重，“打牛遍坡红，打羊遍山白，打猪遍地黑”是过去隆重丧礼的写照。而今恋爱自由，婚姻自主，婚丧仪式也跟随时代潮流有所变化。

彝族社会靠家支制度和习惯法维系。家是同一血缘的祖先作为姓氏名称的一个庞大的家族组织，一家之下又分为不同的支，一支之下又由若干个家庭组成。在过去的彝族地区，家支林立，无所不在，每一个家支都有头人。彝族一般是聚族而居，一个家族居住在一个村寨里。也有几个家族居住在一个村寨或一个家族居住在不同的村寨的情况。产生矛盾纠纷，调解人就是在彝族社会中公道正派、能说会道、熟悉彝族习惯法的“德古”。毕摩在彝族传统社会中拥有崇高的地位，神圣不可侵犯。彝族有“兹来毕不起”的谚语。毕摩主持各种祭祀、仪式，进行日常的预测，为病人禳解、治疗，观测天文，制定历法，编撰历史文献、医疗书籍，传承传统文艺，是彝族文化、科技的主要传承人，也是彝族信仰的引导人。

彝族有自己的语言和文字。彝语属于汉藏语系藏缅语族彝语支，分为北部、中部、东部、南部、东南部和西部六大方言。语法结构为主、宾、谓结构。彝族传统教育以家庭教育、社会教育为主，以学校教育为辅。有《玛牧特依》、《尔比尔吉》等教育经籍。现在彝族地区已经全部实行国民教育。

艳丽云霞缭绕着多情彝山。无论是五彩凉山，七彩云南，还是多彩贵州，彝族文艺多姿多彩，生动活泼。彝族有丰富的彝文典籍，这些珍贵的典籍被称为“牛皮档案”。著名的有《西南彝志》、《彝族源流》等。《爨文丛刻》被认为是“彝学走向世界的标志”。《阿诗玛》名扬海内外，被译成30多种外语。《撮泰吉》、《海菜腔》、《铃铛舞》、漆器髹漆艺术等被列入国家非物质文化遗产名录。彝族传统绘画以毕摩画为主。彝族传统工艺十分精致，以三色漆器和豆腐马鞍为代表。

彝族平常饮食较为简单。节日则杀猪、宰羊，十分隆重。待客十分豪爽，酒肉相加，倾其所有。所谓“一顿不拿做十顿，过不了日子；

十顿不拿做一顿，待不了客人”。即便一客来家，都要“四脚落地”——就是要杀牛、杀羊或杀猪，即使是再贫穷，也要杀两只鸡，凑足四只脚。彝族服饰艳丽多彩，各种款式与彝语六大方言区大致相合，分为凉山型、乌蒙山型、红河型、楚雄型、滇西型、滇东南型六大类型。云南省永仁县每年正月、楚雄市三台乡每年三月都有举行大型“赛装节”的传统，届时，彝族姑娘们都要到场比赛谁的服饰做得更美、做得更好，那真是视觉的盛宴、审美的华筵，让人心灵振荡，灵魂升华。

西南群山中闪亮的火把

西南地区地势复杂，气候多样，彝族的建筑形式也根据具体地理情况的不同，呈现各种特色。古代，彝族君长建九重宫殿而居，土目建七重堂，一般官吏住五重堂，百姓居三重堂。现代，凉山民居多为瓦板房、闪片房；云南民居多为三房一照壁、土掌房（也称一颗印）；各地都有干栏式木房。当代，则有了砖瓦房、小洋楼等。

“耕者有食粮，牧者有牛羊”是彝族经济生活的写照。彝族经济以

农业和畜牧业为主，以手工业和工商业为补充。彝族的手工业主要在制作生产工具、生活用具方面。彝区以十二兽纪日为集市贸易日期，传统的是六天为一个场期，轮流赶集，进行商业贸易。

彝族有自有的医药卫生知识，明代就有《双柏百药书》、《医药书》等彝文典籍。现代根据彝文医药书方子制造出的“云南白药”，是彝族医药的代表。彝族有独特的宇宙观和天文、历法。《宇宙人文论》、《宇宙生化论》中记录了许多对天象的观测知识以及历法的运算方法。彝族认为万物生于气和水。万事万物之间是一分为三、合三为一，五生十成、十生五成的关系。彝族历法把1年分为10个月、5个季，1个季为2个月，1个月分36天，1年满360天后，剩下的5～6天是过年、祭祖日。彝族还发明了用驴和马杂交而生出骡子。发明了用葫芦、火药、铅砂、铁弹等装配的“手榴弹”——葫芦飞雷。

传统节日是农事之芽，现代节日是文化之花。彝族历法是十月太阳历，十月初一开始过大年，六月二十四日前后是火把节。这两个节日分别是彝族冬季和夏季最隆重的节日。此外，几乎每一个月都有节日，如赛装节、插花节、三月会、跳公节、赛马节、斗牛节、赶花街、拉麻节、尝新节等，月月节会，处处歌舞。谈情说爱，比武竞技，访亲会友，传经授艺。节日是一个盛大的历史文化舞台，民族文化的传承和弘扬都在节日中完成。彝族在年节或其他日子，选择期辰专门祭祀天地，献山祭龙。十月年、正月春节和火把节时，主要祭祀天地和祖先。除夕夜先让狗吃年饭，初一要为羊过年，二月祭龙，三月献山，立冬过颂牛节等，还有祭祀土地、山水、日月星辰的活动，都体现了彝族敬畏自然，爱惜生态，珍视生命，与自然界和谐相处的生态伦理。所以，彝族有浓厚的“天人合一”思想，认为“天上一颗星，地上一个人”，每一个彝人，都能在天空中找到一颗对应的命星，像火把一样闪烁在祖国的天空。

西南群山中千千万万擎着火把的彝人，正是天空中闪闪亮亮的星斗降落在大地人间！

第一章

一步跃千年

第一节　道慕尼之裔

彝族是祖国大家庭中人口较多的一个少数民族，是一个具有悠久历史和灿烂文化的民族，千百年来与西南各民族和睦相处，共同开发了祖国的西南地区，为祖国统一、民族团结作出了巨大贡献。

一、西南考古与彝族的族源

关于彝族的起源，专家学者们有东来说、南来说、西来说、北来说、土著说、多元说等不同的观点。而彝族自己的神话、史诗中则说是“道慕尼之裔，笃慕的子孙”。

东来说认为，彝族来自战国时期的楚国，居住在洞庭湖流域，是楚将庄蹻进军云南时迁来的。南来说认为，彝族是古代越人或古僚人的后裔，是从我国西南边界甚至西南各邻国发展起来的。西来说一是认为彝族来自欧洲，与雅利安人同源，或与高加索人种有关；二是认为彝族来自西藏，或者来自西藏与缅甸交界的地区。北来说认为，彝族为古羌人的后代，是从我国西北甘青高原南迁来的，古羌人也称氐羌或西羌。土著说认为，彝族就是西南地区的土著居民，其远祖可以追溯到生活于一百七十多万年前的云南元谋一带的元谋猿人，近祖可以追溯到生活于五六十万年前的与北京山顶洞人同一时期的贵州黔西的观音洞人等。多元说认为，彝族是以西南土著居民为主体，融合了部分氐羌民族和其他民族的共同体。随着考古发现和学术研究的深入，以土著为主体融合了其他一些民族成分的多元说和土著说被大多数人所接受。

西南地区多处发现了古猿化石。在云南开远地区，1956 年、1957 年发现了大约在 1200 万年前生活在这里的开远古猿牙齿化石。在云南禄丰地区，1975 年发现了 1400 万～800 万年前的禄丰古猿头骨、上下颌骨和牙齿化石。1986 年在云南元谋地区发现了 800 万～700 万年前的古猿头骨、牙齿、颌骨化石。1992 年在云南保山地区发现了 800 万～400 万年前的保山古猿颌骨化石。

西南地区的古人类化石的发现也反映出进入旧石器时期这一地区古人类生活的情况。云南元谋发现了大约一百七十多万年前的元谋人化石及使用过的石器，贵州黔西发现了五六十万年前的观音洞人化石和使用过的石器，云南昭通也发现了处于旧石器中期的昭通人的器物，云南富源的大河发现了 4.4 万～3.6 万年前的大河文化遗址，云南昆明和蒙自分别发现了距今 3 万～1.8 万年前的昆明人与蒙自人化石和文化遗留。贵州毕节的青场、何观屯等地也发现了古人类活动的遗迹。

进入新石器时期，滇、川、黔、桂的广大彝族地区都有人类文化遗迹的发现。贵州威宁彝族回族苗族自治县的中水还发现了能够用彝文识读的大约 3500 年前的刻画符号以及碳化稻谷。在红河哈尼族彝族自治州弥勒县的金子洞坡和高甸村发现了崖画。这些都标志着这一带的人类已经进入文明社会。

在六七千年前，古羌人活动在中国的西北地区，并以其强大的势力和较为先进的文明逐步向东部扩张，在遭遇了商朝的强力抵抗之后，一部分古羌人南下，这部分羌人与居住在西南地区的古夷人逐渐融合在了一起。

二、彝族关于人类和民族形成的传说

对于天地是如何产生的？人类是如何出现的？彝族又是如何产生的？彝族有自己的创世歌谣来解答这个问题。在《阿欧米麻邓》（开天辟地）中唱述道：

> “从前没有天，从前没有地。从前刚有天，从前刚有地。人是像猴子，脸是猴子脸，牙是耙子牙。吃的是什么？吃的是野果。喝的是什么？喝的是露水。穿的是什么？穿的是树叶。什么当披毡？白云当披毡。什么当马骑？狂风当马骑。人老不会死，老人有七场坝。有时天气阴，七天晴一次。有时不见太阳出，七天才见太阳光。天晴了，所有老年人，抬到场上晒太阳；天阴了，所有老年人，抬到屋里避风雨。从前刚有天，从前刚有地，地上陷落九股水，洞里出了九股水。太阳月亮十二个，一天同时出，树木全被晒，只剩黄心榄。是草全被晒，只剩马刺草。是水全被晒，只剩昌苦侯。是人全被晒，只剩曹阿也。”

这首歌谣虽然名为开天辟地，但唱的主要是刚刚有天地之时，人类像猴子一样生存的状态，还有对干旱影响人类生存的记忆。

被戏剧大师曹禺称为“戏曲的源头”、被日本学者中原律子等称为“人之初、戏之始、舞之源”的发现于贵州威宁彝族回族苗族自治县板底乡的彝族古戏《撮泰吉》，被收入第一批中国国家非物质文化遗产名录，它的名称就有“变人戏”的内涵。在《撮泰吉》中，有反映当地彝族横向寻根是从云南迁徙过来、纵向寻根是从猿猴演变而来、现实寻根是从人类两性交媾而来的内容，对“变人”的哲学、历史内涵作了深刻的演述。《撮泰吉》中透露出来的彝族祖先从云南迁徙到四面八方，和人类从猿猴演变而来的思考，在滇、川、黔、桂、渝等省区市的彝族中有广泛的历史记忆，可见云南元谋猿人与彝族先民有着千丝万缕的联系，这样的思考也有一定的科学道理。

同样，彝族创世史诗《查姆》中更是作了细致的描述，“人类最早的一代，他们的名字叫‘拉爹’（独眼）；他们只有一只眼，独眼生在脑门心。‘拉爹’下一代，名字叫‘拉拖’（直眼）；他们有两只直眼睛，两只直眼睛朝上生。‘拉拖’下一代，名字叫‘拉文’（横眼）；他们有两只横眼睛，两眼平平朝前生。‘拉文’是我们的祖先，最早的‘拉文’是两兄妹，他俩名叫阿卜独姆，阿卜独姆俩是他们的子孙。”

古老的图腾

这里所说的阿卜独姆，就是彝文史志中经常提到的彝族先祖阿普笃慕，即笃慕，有的史志书籍上也作道慕尼。根据彝文古籍和彝族水西阿哲家族的谱牒，彝族共祖希米遮时期，相当于历史上的西周时期，从希米遮下传31代到笃慕，笃慕时期相当于历史上的东周时期。从笃慕下传 84 代到水西末代宣慰使安胜祖结束统治，是康熙三十七年（公元 1698 年），从此进入水西地区的“改土归流”时期。

三、洪水泛滥与彝族六祖分支

传说在洪水泛滥后，笃慕娶了三个妻子生下六个儿子，史称彝族六祖。从彝族六祖时期开始，彝族先民在西南地区建立古莽国、古卢夷国、古巴国、古蜀国、古滇国、古夜郎国等部落方国。

在建立国家的同时，还创造了古彝文，制定了法律制度。据有关史籍记载，“周武王伐纣，实得巴蜀之师”。这些总称为“巴蜀之师”的部落方国还包括了“庸、蜀、羌、髳、微、卢、彭、濮”等，其中的蜀、卢、濮等国是彝族先民建立的国家，其他几个国家也与彝族先民有着直接、间接的关系。彝文古籍《确皮遮默》（六祖根源）中说：

“远祖希慕遮，三十一代后，遭洪水泛滥，只剩下笃慕。云南洛尼山，他择为居地，娶三君女为妻，生了六个子，六个六祖先，即此产生了。武祖慕雅节，乍祖慕雅考，糯祖慕雅热，恒祖慕雅卧，布祖慕克克，默祖慕齐齐。笃慕之六子，威荣如天高，根深枝叶茂，如启默根海大，似密默江漫滥，六祖裔繁衍，这样住下了。

武乍二长房，居楚吐以南；糯恒二次房，辟洛博以北；布默二幼房，实益中央漫。三君主之女，乃六祖之母，蚩额伍吐是，慕雅节和慕雅考之母；能额咪多是，慕雅热和慕雅卧之母；宜额咪哺是，慕克克和慕齐齐之母。武择朵妥地，即朵妥必布；乍择考托地，即考托考勒（可道可乐）；糯择俄姆地，即俄姆洪索；恒返易蒙地，即易蒙佐姆；布返妥卜地，即妥卜恩博；默择知中地，即知中戞勒。找六祖根源，就是这样的。”

四、彝族先民建立的古代部落方国

六祖分支之后，武、乍二支北进，分别建立了巴国、蜀国；糯、恒二支驻滇，建立滇国等国；布、默二支东进，分别建立夜郎国、朱提国等国家。到了汉朝时期，夜郎王与滇王同时受封于汉，并且分别被授予了王印。后来，夜郎王兴不服从汉朝法令，被汉使者陈立诛杀。王印不知所终。

夜郎国是春秋时期直到汉朝时期断断续续见于史籍记载的国家，其兴亡在历史上都是一个巨大的谜团。但是在彝文古籍和传说中却有较为明晰的概貌。彝族史籍《夜郎竹王》中有竹王“建立了九十九座城，苗族分三座，汉族分十九座，其余属彝兵管”的记载。可知，在古夜郎国时期，彝族先民就建立了有利于自己的庞大国家。在贵州省威宁彝族回族苗族自治县中水镇发掘出的殷商时期的陶刻符号，一些专家认为就是古彝文。在四川成都三星堆出土的刻画符号和郫县的铜戈刻画符号，也有不少专家能够用彝文进行识读。在贵州省发现的彝文史籍《夜郎史传》中，就记载有夜郎君长制定的二十条法规。

司马迁在《史记·西南夷列传》中记述：“西南夷君长以什数，夜郎最大；其西靡莫之属以什数，滇最大；自滇以北君长以什数，邛都最大；此皆魋结，耕田，有邑聚。其外西自同师以东，北至楪榆，名为嶲、昆明，皆编发，随畜迁徙，毋常处，毋君长，地方可数千里。自嶲以东北，君长以什数，徙、筰都最大；自筰以东北，君长以什数，厓駹最大。”其中所提及的部落方国及部落名称，基本上都是彝族先民建立的部落国家，其主体也是彝族先民。而其中关于神秘的夜郎的有关记述中，只有彝族有传统的史诗记载，其他民族却没有。例如，彝文古籍《夜郎史传》和《益那悲歌》，就比较详细地记述了夜郎国的兴起和灭亡。

五、罗甸国

夜郎国灭亡后，彝族默部后裔勿阿纳继续开疆拓土到达贵州中、西部地区。传到其二十五代孙妥阿哲时，因帮助蜀汉丞相诸葛亮南征有功，被封为罗甸国王，建立了罗甸国，都城建立在慕俄格，即今贵州省大方县一带。从此，以妥阿哲之名为氏族姓氏的水西阿哲氏族，开始了在贵州的长达 1470 多年的世袭统治，被称为“没有百年皇帝，却有千年土司”，比较完整地保留了彝族在贵州省西部地区的发展脉络。

简牍彝文

而在魏晋南北朝时期，彝族居住的南中地区为有彝族血统的爨氏、孟氏等大姓统治，以至于当时和后来的史志作家，把这一时期的彝文称作“爨文”。这一时期的彝文已经普遍为毕摩用于创作、记录、传抄经籍，除了大量的传统宗教仪式经书外，著名的大毕摩举奢哲、阿买妮等写作了著名的彝族文艺理论《彝族诗文论》、《彝语诗律论》等。

六、南诏国与南诏十三代王

到了唐朝时期，卓罗纪氏迁徙到云南大理一带，作为著名的唐朝六诏之一的南诏，在细努逻统治时期，在唐王朝的支持下统一了六诏，建立了南诏国，一共传袭了十三代王。这十三代王分别是：细努逻—逻盛—盛罗皮—皮罗阁—阁逻凤—（凤伽异）—异牟寻—寻阁劝—劝龙晟—劝利晟—晟丰佑—佑世隆—隆舜—舜化贞。《彝族源流》对这一历史事件，有着与汉文史志不一样的记录，共记录南诏国的十六代王。但是整个历史大事件是基本吻合的。

唐朝时期，彝族在四川地区建立有勿邓、两林、丰琶等部落方国政权；在贵州地区被唐王朝封为罗殿王、滇王，享有自己的王国政权。

南诏国灭亡后，经历了几个短暂的政权更迭，在南诏故地上建立了大理国，这时的历史已经进入宋朝时期。

七、宋代彝族地区的方国

宋朝时期的四川仍然延续着过去的政权统治。在贵州地区，宋乾德五年（公元967年），矩州石人部落王子若藏向朝廷贡献方物，诏命其为“归德司戈”。不久，若藏之子普贵纳土献诚，宋太祖给予嘉奖，封以王爵，命为矩州刺史，却把矩州讹为“贵州”，宋太祖也就根据当地的风俗授给“贵州刺史”敕书，贵州之名从此正式见之于史书。开宝年间，石人部落在战争中失利，退居延江之南夹水之地。宋仁宗庆历初年，得盖袭任时，入居姚州之旁，遣使通过泸州向朝廷请命，泸州向朝廷报告：“管下溪洞十州，有唐及本朝所赐州额，今乌蛮王子得盖居其地，部族最盛。旁有姚州，废已久，得盖愿得州名以长夷落。”朝廷复建姚州，任命得盖为姚州刺史，并铸印赐给得盖。得盖老后传位给其子则额，则额因为承传大宗名位，就自号为罗氏耿苴（耿苴是彝语对君王的称呼，被外界误译为“鬼主”因而讹为“罗氏鬼主”）。到得盖之孙仆夜袭任时，因为势力转弱不能号令部属诸族，其属下晏子部和斧望个恕部逐渐强大，互相兼并，先后兼并了晏州山外六姓及纳溪二十四姓，并在宋神宗熙宁六年（公元 1073 年）起事。朝廷诏谕熊本察访办理，晏子所部长宁等十郡八姓以及武都夷都归附朝廷。朝廷又遣人招抚，仆夜、晏子、斧望个恕都表示入贡、接受王命。晏子还没有受命就死了，于是朝廷任命仆夜为姚州刺史，斧望个恕为归来州刺史，斧望个恕的儿子乞弟和晏子的儿子沙取禄路都被任命为“把截”，“将西南夷部巡检”。熙宁八年，斧望个恕因年老把兵权交给乞弟，乞弟于元丰元年（公元 1078 年）袭击归来州，元丰三年起事，朝廷诏命还庆副总管林广征讨，战事前后三年，没有抓到乞弟，而在乞弟原所辖地筑了乐共、江门、梅岭、席帽溪四座城，却把归来州赐还罗氏鬼主（耿苴），继续招降乞弟，乞弟失去了根据地，穷困而死。不久，沙取禄路之子鳖弊袭任，政和五年（公元 1115 年）授予鳖弊西南夷界都大巡检。仆夜死后，额则、陇杓、主载、额归、普色相继袭替。额归、普色时已经是宋朝末年，重新占据了贵州，并且划分了水西、水东二部，罗氏鬼主仍然居住在水西，号为“罗氏鬼国”（罗氏国被讹称“罗氏鬼国”）。宋末，诸州名皆废，仅存罗氏鬼国和乌撒部的名称。罗氏国拥有姚州、郝州、禄州、汤望州、犍州、龚州、义州、脝州八州之地和牂牁郡的矩州、清州等，前八州为水西，后二州为水东。水西与水东之名，至宋末始见于书史。乌撒部有宝州。直到宋理宗宝祐四年（公元 1256 年），罗氏鬼国还因元朝军队进屯大理事向宋王朝报告军情。

在今贵州地区彝族还建立了毗那国。在今贵州西南部与云南、广西接壤的地区，建立了自杞国。宋王朝常与贵州彝族在邕州易马，毗那国的名马被誉为“毗那大蛮”。

在云南地区，宋朝是彝族乌撒（俄索）部崛起的时期，乌撒部在历经磨难之后，在德皤阿歹（也作俄索折怒、特波折怒等）时重振声威，被宋王朝封赐为王。至今仍然有《俄索折怒王》史诗流传。《彝族源流》也记载下了乌撒源流，还专门记录了《乌撒谱》。

八、元明时期的彝族土司

元朝建立后，对西南地区先是进行军事征服。从云南开始，先消灭了大理国，征服云南；然后征服乌撒、茫部、水西、扯勒、马湖等地区，征服了四川、贵州彝族地区的土官政权，在西南彝族地区实施土司制度，在以土官为主的基础上，实施“土流并治”，互相制衡，不断推进“改土归流”。西南彝族地区的政治、文化、社会、经济特别是人口结构发生了很大的变化。

元、明时期，云南著名的彝族土司有那氏土司、凤氏土司、高氏土司、左氏土司等，四川著名的彝族土司有扯勒土司、阿都土司等，贵州著名的彝族土司有水西（阿哲）土司、播勒土司、乌撒土司等。

九、奢香夫人

明朝建国后，建立了贵州行省，结束了今贵州地区时而属于云南，时而属于四川，时而属于湖广的历史。在阿哲家族为世袭统治的地区建立了贵州宣慰使司，令贵州宣慰使霭翠位居各宣慰之上。

霭翠去世后，其夫人奢香摄政。为了不使国家分裂，她忍辱负重，面对马烨企图激水西造反的阴谋，没有发动军事战争，其高瞻远瞩的政治智慧和临机决策的战略眼光，使她最终在政治上取得了胜利。她

组织领导贵州境内各族人民凿山开道，修建驿路，把滇、黔、湘、川、桂几省分管地域联并起来，将境内的驿路纳入全国的驿路网络，与全国各地联成一气，沟通了贵州周围4省，使贵州的战略地位更加突出，在国家加强西南地区统治的形势下，为贵州建省创造了必要条件。客观上对维护和促进祖国统一，起到了积极进步作用。交通条件的改善，极大地促进了西南地区的经济发展和文化交流。水西地区经常拖欠朝廷的赋税的情况常见于史志记载，在驿路修建好以后，这样的记载逐渐减少。交通条件的改善，还为文化的传播提供了必要的物质便利。奢香夫人对彝族文字的使用与传播进行了卓有成效的改革，把彝族文字从神秘中解放出来，打破了传统禁忌的坚冰，使彝文成规模地出现在金石等载体上，使用范围逐渐扩大，彝文从传统的传经记史的功用扩大到记账、契约、记录歌谣、书信往来等日常生活中。这是奢香夫人对彝族古籍文化所作的贡献的具体体现。奢香夫人对彝族古籍文化所作的贡献及其影响不仅限于当时的贵州宣慰使司地盘，还延伸和辐射到周边的彝区，如乌撒地区、四川的永宁宣抚司地区（今古蔺、叙永一带）、云南的乌蒙（今昭通市）、闼畔（今东川、会泽一带）、磨弥（今云南省宣威、沾益一带）等地区。为了学习和引进汉族文化，加强和促进彝汉文化的交流，

奢香夫人塑像

奢香夫人带头遣子弟到京师入太学，以本民族上层的行动来进行示范和带动，影响周边，并逐渐深入到社会各阶层。在国子监读太学的土司子弟也把彝语彝文带到了京城，国子监所属的四夷馆还为此编成了《华夷译语》，开了彝汉文单词互译的先河，是迄今所见最早的彝汉文互译，因而也就极具权威性。

十、改土归流

清朝建国后，在西南地区强制推行“改土归流”。彝族在西南地区的土官统治除了四川有一部分残存之外，云南、贵州等地已经全部改为流官统治，部分地区保留了一小部分土目。这些土目直到中华人民共和国成立以后才逐步消失。四川凉山地区在经过1956年的民主改革后，全部纳入了国家管理的正轨。

十一、彝文文献典籍的勃兴

在明朝、清朝时期，彝族文献典籍出现了繁荣的景象。许多流传于后世的经典文献都在这一时期形成，如《启谷署》（寻医找药）、《成化钟铭》、《水西大渡河建桥碑记》、《千岁衢碑记》、《罗婺盛世史摩崖》、《劝善经刻本》、《西南彝志》、《彝族源流》、《摩史苏刻本》、《玛牧特衣刻本》等。纸质彝文文献数以万计，散存于山野、路衢、岩崖、墓茔的

北部方言彝文典籍

彝文碑刻数以千计。这一时期产生的彝文文献典籍的影响，超过历史上的任何一个时期。

第二节　从大小凉山到红河两岸

从众多的考古发现，汉文史志的记载和彝文古籍文献与彝族神话、史诗等的记述中，可以看到，彝族的发祥地在西南地区的金沙江流域，是奔流不息的金沙江水，千百年来哺育了彝族人民。

一、彝族在古代的迁移和分布

历史上记载的“昆明”、“叟”、“劳浸”、“靡莫”、“滇”、“乌蛮”、“嶲”、“邛都”等，都是彝族先民，其居住区域大致在今天的滇东北、黔西北、云南洱海及其以东的广大地区、滇池地区、四川的安宁河流域，这一片广袤的土地正好是在金沙江流域。她既是彝族先民生息和繁衍的美丽山水，也与西北莽莽高原衔接，形成了以本地土著为主接纳和融合西北羌人的地理条件。云南彝族有个美丽的传说，说人是由水中产生的，滇池是人类最早的生长地。四川凉山彝族也有个美丽的传说，说彝族祖先是从金沙江中变化出来的。彝族创世史诗《阿赫希尼摩》（万物的起源）中认为，人是从“奢阻大海里”的鱼变成为猴子，然后再由猴子变成人的。

彝族先民曾经经历过一个洪水泛滥的时代，这个时代大约是历史上的春秋时期。洪水泛滥之时，居住在洛尼白一带的彝族人，只有笃慕躲过洪水的淹灭，在洛尼白山生存下来，然后娶了三个妻子，生下彝族六祖。笃慕生活之地，在今云南省昭通，他的六个儿子分支即六祖分支也是从昭通开始，分别向东部的贵州、北部的四川和南部即云南中南部地区发展，开发了巴、蜀、滇、夜郎等地方。

现在四川凉山的彝族老人去世，念诵《指路经》把老人指往祖先的发祥地时，一般是从凉山各地先指往美姑，然后再从美姑南下，经过昭觉、布拖、金阳、普格等地，从会理或巧家等渡过金沙江后，指往“兹兹卜乌”（即云南昭通）。而凉山彝族的两大部分“古侯”和“曲涅”的谱系中，都是从“兹兹卜乌”开始，分别从不同的路线渡过金沙江之后进入凉山地区。《元史·地理志》中记载当时安宁河流域的邛部州，凉山东南部的阔州、姜州、会理州的彝族先民都是“仲牟由之裔”（仲牟由即笃慕），原属于“乌蒙”部（在昭通）或“閟畔”部（在东川）。麻龙州的彝族先民也是“乌蛮蒙次次（即慕齐齐）之裔，祖居东川閟畔”，后来才迁入凉山。阔州的彝族先民到元代时已经在凉山传了37代。据此推算，在三、四世纪乃至更早时期，滇东北地区的彝族先民已经有一部分迁往凉山。

彝族先民在没有完全定居下来时，迁徙是经常的。从彝文古籍《彝族源流》“乍择地可道，可道与可乐”的记载中，可知笃慕第二子慕雅考（即乍部始祖）曾经迁徙到黔西北地区的威宁、赫章一带。《西南彝志》中记载了笃慕第六子慕齐齐（即默部始祖）后裔传到勿阿纳时（东汉光武年间），已经“开基贵州”建立了自己的“国家”。彝文《妥阿哲纪功碑》和《贵州通志》等记载，蜀汉建兴年间，诸葛亮南征时，默部君长妥阿哲为蜀汉军队“献粮通道”，帮助诸葛亮平定南中，妥阿哲被封为罗甸王。黔西北地区的彝族，老人去世后，把亡灵指引回祖先故地的时候，一般都先指引到今威宁自治县的草海，即《指路经》上所说的“巴的候吐”，然后去往云南昭通，多数到此为止。有些远的可以到达云南大理，如称为“乌撒四大家族”之一的阿尼阿景就直达大理点苍山。

川南地区的彝族则说他们的祖先是在东汉桓帝、灵帝之时，从滇东北地区迁徙来的。

广西那坡县、隆林县和云南富宁县的彝族史诗《铜鼓王》中记载，这些地区的彝族是从云南迁徙过去的。这部史诗中记载的铜鼓套头葬式，与贵州赫章出土的“夜郎套头葬式”相符合。

彝族先民迁徙到红河一带的最早时间，与彝族六祖分支的时间同时或者稍晚。根据唐代《蛮书》的记载，东爨乌蛮地区“南至步头”；唐代的《南诏德化碑》中记载，“东爨悉归，步头已成内境”。步头即今天云南红河中游的元江县。由此可知，至晚到唐朝时期，红河流域已经有彝族先民在此居住。

经过不断的迁徙、分流，到了大约八世纪，彝族先民各部基本上在今天彝族各个主要分布区定居下来。

主体部分定居下来之后，期间也有一些小的迁移。如黔西北地区阿哲部彝族有迁徙到滇南弥勒县一带的，云南石林彝族有迁徙到贵州威宁和云南丘北的，贵州威宁彝族也有迁徙到云南石林、云南宣威的。清朝年间，黔西北、滇东北的彝族还有不少迁徙到了四川凉山。民国以后，已经没有大的迁徙和流动。

二、新中国彝族的分布情况

新中国成立以后，彝族居住地在西南地区的地理分布情况固定了下来，按人口从多到少的次序，云南省、四川省、贵州省、广西壮族自治区、重庆市是彝族的主要分布区域。党和政府在彝族聚居的地区先后成立了 3 个自治州和 19 个自治县。3 个自治州分别是：云南省楚雄彝族自治州、云南省红河哈尼族彝族自治州、凉山彝族自治州。19 个自治县分别是：云南省峨山彝族自治县、江城哈尼族彝族自治县、宁蒗彝族自治县、巍山彝族回族自治县、石林彝族自治县、南涧彝族自治县、寻甸回族彝族自治县、元江哈尼族彝族傣族自治县、新平彝族傣族自治县、漾濞彝族自治县、禄劝彝族苗族自治县、普洱哈尼族彝族自治县、景东彝族自治县、景谷傣族彝族自治县、镇沅彝族哈尼族拉祜族自治县、峨边彝族自治区、马边彝族自治县、贵州省威宁彝族回族苗族自治县、广西壮族自治区隆林各族自治县。此外，西南各省区的 250 多个乡镇有彝族居住。据全国第六次人口普查的数据，全国彝族人口为 871 万多，云南省的彝族人口已经超过 504 万人，占全国总彝族人口的 58%。四川省有彝族人口 264 万，占全国总彝族人口的 30%。贵州省有彝族人口 83 万，占全国总彝族人口的 9.5%。这三个省的彝族人口占了全彝族总人口的 97%以上。

从金沙江畔到点苍山下，从大小凉山到红河两岸，彝族人民发祥于祖国西南的群山环抱之中，生长于美丽的青山绿水之间，与这里的各族人民世代和睦相处，平等交往，共同开发了祖国西南，为中国的繁荣和发展作出了应有的贡献。

开放的彝山

第三节　一步跃千年

彝族在历史发展中，社会经济呈现出极不平衡的状态，是一部人

类历史发展的活化石。新中国成立以前，极少数边远高山地区的彝族人口还有原始公社的残余，大小凉山地区约有100万人口还处在奴隶制社会经济形态，云南红河州南部、滇东北、武定、禄劝、黔西北地区土司、土目统治区还存在封建领主制，云南和贵州两省的大部分地区已经进入封建制经济社会形态，与当地的汉族地区的经济社会发展进程基本一致，只是保留一些自身的特点。而云南省的少部分地区开始出现了少量的资本主义经济萌芽。

新中国成立后，特别是1956～1958年在大凉山进行民族民主改革之后，整个彝族地区进入了社会主义社会，凉山彝族人民在中国共产党的领导下，通过民主改革而不是自然发展，从奴隶社会一步跃入社会主义社会，翻身做了主人，摆脱了千百年来受压迫受剥削的艰难处境，跨越了人类近两千年的发展历程，当时就被称为“一步跃千年”，创造了人类发展史上的奇迹。

一、奴隶制经济社会形态

根据新中国成立初期的人口调查数据，1954年彝族人口有330多万人，其中约有上百万人处在奴隶制经济社会形态，包括四川和云南两省交界大小凉山地区，即今凉山彝族自治州和峨边彝族自治县、马边彝族自治县，云南省的宁蒗彝族自治县和华坪、永胜等县的部分彝区，这是彝族最大的聚居区，属于彝语北部方言区，当时约有100万人。由于地理形势比较封闭，又处在彝族分布区的北部，不是彝族核心区域，因此人类的第一个阶级社会在此长期保留下来。

凉山彝族有严格的等级制度。这个等级制度大体上分为五级：兹莫、诺合、曲诺、阿加、呷西。最高等级是兹莫，原是彝族内部的首领，后来接受封建王朝的册封，成为土司、土目，在内部和外部都拥有合法的统治权。兹莫从前是整个凉山地区的统治者，到后来逐渐衰落，只统治整个凉山10%的地区，而其人口也只占凉山彝族总人口的0.1%。诺合是仅次于兹莫的统治者，一般通称为黑彝，占凉山彝族总人口的6.9%，却统治着凉山90%的地区，除了兹莫统治区，诺合在其统治区域内享有政治、经济等的特权。兹莫和诺合是统治阶级，是奴隶主，是土地等生产资料的主要占有者，还是阿加和呷西两个等级的人身占有者，并且统治着曲诺等级。兹莫、诺合两个等级的人口占凉山彝族总人口的7%。曲诺通常被称为"白彝"或"百姓"，占凉山彝族总人口的50%，一般隶属于一定的兹莫或诺合，在居住地、人身权、财产权方面受到一定限制，要承担一定的隶属性负担；但是，也拥有较多的人身自由，经济上相对独立，占有一定的土地和生产资料，是自食其力的一般劳动者。阿加，又叫安家娃子，约占凉山彝族总人口的33%，被兹莫、诺合和部分富裕的曲诺占有，没有人身权、财产权，也没有婚权和亲权，主子可以抽其子女为呷西，还有权将他们赠送、出卖，乃至处死。呷西，又叫锅庄娃子，约占凉山彝族总人口的10%，基本上是单身奴隶，几乎一无所有，没有任何人身权，被主子任意买卖、抵押、奴役、屠杀，可以隶属于其他四个等级。

凉山彝族的五个等级是以社会成员之间的财产权、人身权和血缘关系的差别等因素而划分的。根据生产资料的占有量、在劳动中所处的地位、劳动产品的分配和社会地位来划分，五个等级大致可以划分为三个阶级：兹莫和诺合是统治阶级，其中兹莫全部是奴隶主，诺合绝大部分是奴隶主；呷西全部是奴隶，阿加绝大部分是奴隶；作为中间部分的曲诺则绝大部分是一般生产劳动者。

但是在这五个等级中，还存在着复杂重叠的人身占有和隶属关系：兹莫统治所有其他四个等级（后来权力被诺合削弱），诺合统治除兹莫外其他三个等级，两者占有阿加和呷西；曲诺隶属于兹莫或者诺合，富裕者占有阿加和呷西；阿加和呷西多数被兹莫、诺合占有，少量被曲诺占有。呷西主要被兹莫、诺合占有，少量被曲诺甚至被阿加占有；阿加可以占有阿加，其他四个等级则不能占有同一等级的人。

二、封建领主制经济社会形态

在云南省武定、禄劝两县，滇南红河南岸和黔西北、滇东北地区，有70万左右彝族在清初“改土归流”前基本上是封建领主制经济社会形态，其后尚有部分残余，以土司、土目统治的形式存在。这些地方封建领主的剥削以实物地租为主，包括地租、官租、杂派、押金等，剥削量占佃农农业总收入的35%～60%，还要加上不同程度的劳役剥削，对农民是沉重的负担。在实行各种剥削时，有“卖田不卖租”（也叫“卖马不卖笼”）的，有称为“官租”、“私租”的，有“鸡租地”、“猪租地”、“羊租地”等名目，贵州威宁还有称为“人租地”的，反映出还有奴隶制的残余。

三、封建地主经济社会形态

除了奴隶制和封建领主制经济社会形态，在云南的大部分、贵州的部分、四川的叙永、古蔺、雷波、屏边等一部分和广西的全部彝族地区，以土地个体私有制为基础的封建地主经济已经成为这些地区的主要经济形态。这些地区的地主占总农户数的5%左右，贫农、雇农占总户数的60%～80%。在多民族杂居的乡村，一些地主不但压迫剥削本民族农民，也压迫剥削其他民族的农民。同样，许多彝族农民除受本民族地主阶级的统治和盘剥，也受到汉族地主的统治和盘剥。作为主要生产资料的土地，地主每人平均占有的数量一般为贫农每人平均占有数量的7倍以上。当然也有个别相反的例子，如云南省弥勒县第三乡，到土改时530户左右的农民中有80%的彝族，整个乡却没有一户地主、富农，绝大多数为自耕农民。除了土地占有形式，生产资料中的其他生产资料，地主和富农占有的牛马驴骡等大牲畜较多，各种生产工具齐全，而贫农、雇农占有的很少并且多数残缺不全。

地主的剥削方式主要是采取实物地租，以“活租”为例，对分制较为普遍，也有三七分成乃至四六分成的；“死租”一般低于出产物的50%，多流行于主与佃距离较远的地方。较为发达的地区如滇越铁路附近已经出现货币地租，但也只是实物地租的补充形式。佃农租种土地时一般要有抵押，有的是物押即以物品作抵押，有的是钱押即以货币作抵押，有的是加租押即在地租中加量作抵押。但是地主往往凭借强权势力，拒不退押的情况比比皆是。不少地主还以“夺佃”相要挟，长期把佃农束缚在土地上。这是与汉族地区不同的一种特殊封建剥削形式。无偿的劳役剥削也是地主对佃农的一种剥削方式，地主以各种方式强迫佃农在他的自营地或其他需要劳力的工作上进行少则数日、多则几十日的无偿劳动，以此榨取佃农的劳动价值。此外，佃户还要在地主举行婚礼、丧事和过年过节时，给地主“送礼”，分担各种摊派，有的甚至写在契约上面。地主还雇长工在自己的土地上劳动进行剥削，长工每年的劳动收入被剥削了75%～85%。地主、富农还以粮食放高利贷，按复利计算，通常年利为100%，也有比这个数量还要高的。

从总体上看，地主对佃农的剥削，实物剥削要占佃农全年农业总收入的50%以上，如果加上无偿的劳役和扣除佃农投入的生产成本，佃农一年的收入已经所剩无几。

土地抵押、典当、买卖关系盛行是封建地主经济社会形态的一个重要特征，贵州彝区的《宣慰岩刻石》、云南弥勒县长冲乡的佃户契约等都是这一特征的物证。这些交易导致了激烈的土地兼并和阶级、等级的分化。如四川省雷波县叭哈乡狮子村土改时有彝族142户，仅有一户诺合，成分为地主；137 曲诺户中已经有 2 户地主、2 户富农、45 户中农，84 户贫农，仅有 4 户佃农；3 户阿加分化为 2 户贫农和 1 户雇农。可见阶级已经冲破了等级的界限，但是传统的观念仍然存在，富裕的曲诺还要对诺合承担作为隶属民的负担，交纳一些劳役代金等，而贫农雇农等更是要承担原来的负担，因此其奴隶制经济社会形态还起一定的作用。

四、资本主义经济因素的萌芽

中国资本主义经济因素在明代就已经萌芽，后来有了发展。处于封建地主经济社会形态的彝族地区，也产生了资本主义经济形态。19 世纪末，在滇越铁路沿线已经产生了资本主义性质的企业，这些企业主中有 20 人就是彝族资本家。其中最小的企业有 40 多人，大的 500 人左右，最大的有 1000 多人，虽然其经营形式还有浓厚的封建色彩，但资本主义因素十分明显。民国时期滇东北的昭通地区形成了一个官僚军阀集团，他们中的一部分人建立或控制了一些工商业机构与企业，如富滇银行等，还在个旧及滇北先后建立了个旧锡公司、云南炼锡公司、云南矿务公司、滇北矿务局等工矿企业，这些都是官商性质的企业。在滇东北，他们也兴办了一批私人企业如"昭通民众实业股份有限公司"、"裕通"、"福鹤公"等，开设了银行、钱庄等，逐步走上资本主义的道路。但是，限于当时中国半封建半殖民地的性质，彝族地区不可能发展正常的资本主义经济社会形态。

第四节　快乐的诺苏

1949 年 10 月 1 日，中华人民共和国成立，结束了彝族人民千百年来受压迫、受剥削、被奴役、被歧视的历史。1950 年，彝族地区基本上获得了解放。中国共产党领导彝族人民进行了民主改革，继续完成新民主主义革命，参加社会主义革命和社会主义建设，建立起平等、团结、互助的社会主义民族关系。

一、凉山地区的民主改革

新中国成立初期，在党和政府的领导下，彝族人民参加了清匪反霸和镇压反革命的斗争，肃清了国民党反动派的残余势力，巩固了人民政权，安定了社会秩序。在彝族地区，党和政府提出了“团结、生产、进步”的方针，大量发放农业贷款帮助恢复生产，发放救济粮解决人民生活困难。为了宣传和贯彻党的民族政策，党中央、毛泽东主席在 1950 年派出中央民族访问团，深入彝族山区开展大量工作，受到彝族人民的欢迎。

大小凉山彝族地区，新中国成立前还处在奴隶制经济社会形态，对这一地区进行改革，是一项非常繁重的任务。过去，奴隶主统治下的彝族地区，彝族人民深受奴隶主的剥削、压迫、迫害乃至屠杀。党和政府为了保障广大彝族人民的生命、财产权益，根据广大彝族奴隶和贫苦劳动人民的意愿，经过与群众有联系的民族上层人士充分的酝酿协商，确定 1956 年在大小凉山进行“和平协商”式的民主改革。

民主改革激发了劳动群众特别是奴隶的斗志，灾难深重的奴隶在党和政府的领导下控诉了奴隶主的罪恶，砸毁锁链、焚烧刑具，烧毁不平等的契约、债据，猛烈冲击了腐朽的奴隶制度。虽然有一小撮奴隶主组织武装叛乱，但都很快被平息下去。到 1958 年春，大小凉山的民主改革胜利结束，这一变革彻底结束了传承千年的反动的奴隶制度，69 万劳动者和奴隶从腐朽的奴隶制下被解放出来，成为新社会的主人。这一翻天覆地的民主改革运动，使大小凉山的彝族社会发生了深刻的变化，激发了解放了的奴隶和劳动人民的极大热情，使他们迅速地参

加到农业合作化运动中来，坚定地走上了社会主义道路。民主改革结束后，党和政府紧接着在彝族地区提出“大量发展互助组，重点试办合作社，大力发展生产”的方针和“由小到大，由少到多，由互助组到合作社，由低级社到高级社”的步骤，引导彝族人民走上合作化道路。在长期保留奴隶制和极少数有原始公社残留的地区则“直接过渡”，使这些地区的少数民族直接跨越千年历史和几种社会形态飞跃进入社会主义社会。

二、民族自治权利的保障

根据中国共产党的民族政策和《中华人民共和国宪法》，从 1951 年成立云南省峨山彝族自治县开始，一直到 1985 年年底，云南省景谷傣族彝族自治县成立为止，彝族聚居的地区先后成立了 3 个自治州、19 个自治县。在后来作为民族自治补充而成立的民族乡中，全国有 250 多个民族乡有彝族居住。西南的其他一些地区也有少量彝族散居。

人民代表大会制度的建立保证了各族人民当家作主的权利。在每一届全国人民代表大会中都有彝族代表。作为中国重要参政议政平台的中国人民政治协商会议中，每一届都有彝族政协委员。凡是有彝族聚居的地方，各级人民代表大会和各级政协中，也按照有关规定选举、推举了彝族人大代表和政协委员。特别是彝族自治地方，自治机关根据彝族的历史和现状，以及政治经济文化方面的具体情况，按照法律规定制定有关的单行条例。如四川省凉山彝族自治州制定了《民主改革实施办法》，规定以当地通用的彝、汉两种文字作为自治机关行使职权的工具；在农业合作化运动中，为照顾彝族人民的风俗习惯，规定留下麻园地、姑娘羊等，对于彝族人民的节日用粮、民族服饰用布等也有适当照顾。云南省红河哈尼族彝族自治州制定了《和平协商土地改革条例》，规定自治机关根据《宪法》和民族区域实施规定，除行使一般地方国家机关的职权外，还依法行使选举权，即依据民主集中制和人民代表大会的基本原则，选举人民代表，定期召开人民代表大会，讨论决定本地的重大问题。政府机关以实行民族区域自治的少数民族人员为主要成分，同时包括适当的汉族和其他少数民族人员。自治地方的州长、县长和法院院长，均由实行区域自治的民族人员担任。在财政、税收、贸易、文化、教育、医疗、卫生等方面享受国家的特殊照顾。

1984 年 5 月《中华人民共和国民族区域自治法》颁布后，云南、四川、贵州、广西等省区的民主法制建设进入了一个新的发展阶段。1985 年 4 月云南省人大常委会主任会议决定，要充实和加强省人大民族委员会班子，具体帮助各民族自治地方起草、修改和制定自治条例。到 1987 年，云南省人大常委会先后审议批准了楚雄彝族自治州、红河哈尼族彝族自治州、路南彝族自治县等 8 个自治地方条例。四川省人大常委会帮助制定、审议批准了凉山彝族自治州条例，贵州省人大常委会也帮助制定审议批准了威宁彝族回族苗族自治县条例等。同时，各个自治地方根据自己的具体情况，制定了一批单行条例报各省人大常委会审议通过后实施。这些自治条例和单行条例，以中央的路线、方针、政策和国家的法律、法规为依据，紧密结合彝族的特点和彝族地区的实际，充分反映了自治地方各族人民的合法权益和共同愿望，普遍受到各族人民的拥护和欢迎。

三、发展彝族地区的经济社会文化

新中国成立前，彝族地区交通等基础设施落后、经济发展滞后，除了个旧有一点锡业采炼，昭通、昆明等有少数彝族企业外，四川省、贵州省和云南省的大部分地区都没有工商业。新中国成立后，特别是党的十一届三中全会之后，党和国家的工作重心转移到经济建设上来，

彝族地区的交通发展起来，成昆铁路及其复线有超过一半的里程经过彝族地区，这条经济大动脉对彝族地区的经济发展起到极大的促进作用，大大改善了彝族地区过去十分封闭的境况。进入21世纪，西部大开发在彝族地区修建了许多新公路，乡村公路也逐渐修建起来，为彝族地区的发展打下了坚实基础。溪洛渡电站建设极大地提升了凉山、昭通等彝族地区的经济实力。楚雄彝族自治州曾经在全国30个少数民族自治州的经济发展中夺得魁首。建立社会主义市场经济体制后，彝族地区的个体、私营经济随着国营、集体经济发展起来，出现了一批新兴的彝族企业家，成为新时期社会主义建设者中的领头人。

彝族地区在新中国成立后，过去十分落后的教育、文化、医疗卫生事业也蓬勃发展起来。彝族地区的每一个乡镇都有了学校。在彝族自治地方，基本上都办起了民族学校，少数民族学生上学得到优惠、资助和照顾，一些地方办起了民族中专、民族师范学校，云南省、贵州省和四川省都办起了民族大学。现在的彝族地区，县县有医院，乡镇有卫生院，多数村都成立和建起了卫生室。3个彝族自治州和多数彝族自治县都成立起了歌舞团、博物馆、文化馆、图书馆等。20世纪50年代就已经成立的凉山彝族自治州歌舞团，创作的彝族歌曲《快乐的诺苏》等节目蜚声海内外。同一时期贵州省毕节地区建立了彝文翻译组，收集了数千册彝文古籍，翻译出版了《西南彝志》、《彝族源流》、《彝文金石图录》等影响很大的彝文史志和数百卷彝文古籍。在威宁、禄劝等自治县和其他一些彝族地方，如大方、赫章等县，成立了彝文古籍搜集整理和翻译机构。20世纪80年代，楚雄州成立了彝族文化研究所（院），以刘尧汉教授为代表的一批彝族学者，通过田野作业、考古与文献、口碑相结合的方法，取得了一大批创新型研究成果，创建了“中华彝族文化学派”。同时，云南、四川、贵州三省的彝学会和各彝族聚居地区市、州、地以及大部分县市区的彝学会相继成立，与有关大学、科研院所一起，纷纷开展彝族历史文化研究，取得不少优秀成果。

在党和政府的英明领导下，在各族人民的支持帮助下，彝族人民正在大步追赶着时代发展的步伐，与祖国的各民族兄弟一起，建立平等、团结、互助、和谐的新型社会主义民族关系。

第二章

火光中的生长与回归

第一节　从曲谷到阿买恳

彝族家庭是构成彝族社会的细胞，而家庭的构建从婚姻开始。彝族的婚姻与家庭具有自己独有的特点而与其他民族区别开来。

一、恋爱与婚姻

“曲谷”恋爱。一般情况下，婚姻的缔结从爱情开始。爱情是人类最美好的情感表达，是人类生活永恒的主题。彝族传统社会虽然等级森严，对年轻人的约束相当严格，但是在同一等级之内，在亲戚之间，年轻人之间的恋爱也是普遍的。

在一些彝族地区如彝族撒尼人支系生活的地方、彝族他留人支系生活的地区，在村寨外面都建有“公房”或者“青棚”供男女青年夜间聚会，进行社交，建立感情，确定恋爱关系。而多数青年男女是在举办婚丧嫁娶典礼，在走亲戚、串寨子的时候相互认识。特别是火把节等重大节日活动，为青年男女提供了名正言顺的社交机会。许多人就是通过这样的公共场合互相结识，建立感情。彝族青年男女都会唱歌、跳舞。“曲谷”情歌对唱，是他们表达感情及心愿的重要方式。传说彝族六祖之父笃慕经过洪水泛滥的灾难，只剩孤身一人时，天神策举祖就在拜谷楷嘎设立了一个歌场，派遣三位君长之女在歌场与笃慕对歌建立感情，缔结婚姻，繁衍了彝族人。

“曲谷”对歌是彝族人的一项重要的比赛活动。在举行“曲谷”对歌比赛时，要请歌师当“把纠”（即裁判），举行敬献歌神仪式和一系列准备步骤，一般有为歌神献酒，清理歌根，争歌，寻伴侣，试探，商议相约，求，催，出门，渡，合，聚会，请入座，排列，开口，入题，开场，建感情树恩爱等，然后进行正式“曲谷”对歌。结束时还有分手，送，退场，断爱根情根，招魂，退歌神，清洁等程序。没有这些庄重的仪式和程序，唯恐年轻人沉迷在爱情之中脱不出身，被歌神攫去灵魂而产生危险。

“曲谷”歌词都是美妙的传统五言“三段诗”，如：

“开得艳的花，要数杜鹃花，开花不结果，开得人伤心。
涨得好的水，要数小溪水，涨翻不过岸，涨得人伤心。
玩真情的人，数歌场阿妹，可玩不可婚，玩得人伤心。”

“阿买恳”结婚。唱过情歌唱婚歌，就是彝族从“曲谷”到“阿买恳”的历程。婚歌“阿买恳”在结婚的时候唱，“阿买”即姑娘，“恳”即唱，但是表达形式既有坐唱，也有男女青年在分别由娘家和婆家请来的两个歌师的带领下，手拉手围成圆圈在娘家堂屋内边唱边舞的。堂屋中的集体歌舞与闺房中姑娘的哭嫁相伴随，是彝族嫁女时奇妙的歌唱组合，欢乐与悲伤，在姑娘出嫁的日子里得到了充分的释放。

迎娶新娘进入婆家，同样也有“阿买恳”，只是没有了哭嫁。

彝族的婚礼一般是娘家两天，婆家三天，从娘家到婆家的一天双

方都算作自己家的一天。婚礼结束，一个新的小家庭组建起来。除了幼子要和父母居住以外，其他儿子在适当的时候就要分家出去，独立成户，开始自己的新生活。

近年彝族婚姻虽然进入了一个新的历史时期，但是也有一些传统文化的因素在起着作用。比如，姑舅婚在个别地方仍有残留。

过去，彝族除了少数地区之外，彝族传统婚姻是民族内婚，与其他民族之间不婚；家支外婚，家支内部不婚；等级内婚，等级之间不婚；姨表不婚，姑舅表优先婚；恋爱自由，婚姻不能自主。新中国成立特别是党的十一届三中全会以后，彝族人民融入了改革开放的大潮，年轻人恋爱自由，婚姻自主，民族之间通婚的情况已经屡见不鲜，这对于提高民族素质有良好的推动作用。

民族内婚。彝族人认为，“黄牛是黄牛，水牛是水牛”。所以过去不和其他民族通婚。违反这个传统的人，会被开除家支，驱逐出居住区，以致在彝族地区失去生存根基，严重者甚至会被处死。即使是奴隶制下主子给所属的奴隶指定婚配，也要区分他们的血统是“汉根”还是“彝根”，不同的血缘一般不给予婚配，以保持贵族血统的“高贵”和民族血统的纯正。

家支外婚。家支内部是同一血缘关系的群体，内部通婚违背彝族风俗习惯，是乱伦，为伦理道德所不容。同姓同宗，禁止通婚。家支外婚一是延续了原始社会民族组织外婚的残余形式；二是为家支借助婚姻扩展势力、缔结联盟、共同对付敌人打下基础。家支之间通婚巩固了相互之间互为援助的关系。

等级内婚。等级之间的界限不可逾越，“山羊是山羊，绵羊是绵羊”。因此在过去，兹莫、诺合统治者和被统治的等级之间是绝对不通婚的，他们自认为血统高贵，是“黑骨头”。因此出现黑彝男子与白彝妇女通奸的情况时，严重者会被开除家支或者处死，有的黑彝男子会被降低等级。曲诺也不与阿加和呷西通婚。由于黑彝人口较少，加上长期的姑舅表婚，狭窄的婚姻关系造成人口不发达，有的自动消亡了。如贵州水西最后一位宣慰使安胜祖，就是因为无嗣继位，去世后被停袭了宣慰使之职。他的副手阿武也因为乏嗣，不能继承宣慰使职位。最后水西地区才顺利“改土归流”。

姑舅表优先婚与姨表不婚。姑妈家的姑娘，舅舅家儿子享有优先婚权；同样舅舅家姑娘，姑妈家儿子也享有优先婚权。谚语说：“姑妈家女儿，不用说就是舅舅家的媳妇。”“姑妈家要舅舅家的女儿，不费什么力气。”如果不遵守这个传统，哪一家的女儿要外嫁，必须征得同意，否则会出现抢婚事件。在广西那坡和昆明西山的彝族地区，是单向的姑舅婚，即姑妈家的儿子有优先娶舅舅家女儿的权利，姐妹的儿子与兄弟的女儿可优先婚。当舅舅家女儿出生的第一天，姑妈家就得送去一套黄衣服，表示挂号要结亲，以便以后娶舅家女为妻；即使暂时无子，也要先行挂号；不过舅舅家只给姑妈家一个女儿，其他的可以外嫁。这在彝族中叫作“侄女赶姑妈”。上面这三种联姻关系，叫作“亲上加亲”。而姐妹之间是姨妈关系，所生子女称为“姨妈姊妹”，形同同胞兄弟姐妹，姨妈与亲妈是相等的，只是没有在一块生活而已，因此不能产生婚姻关系，否则就是乱伦，违者会被处死。谚语说：“再缺粮食，甜荞苦荞不能同食；再缺衣服，山羊皮绵羊皮不能同穿；再缺配偶，兄弟姐妹不能结婚。”

转房与赘婿。彝族妇女丧偶可以转房，即在家族内部转嫁给近亲。除了母子关系和姑舅亲属的翁媳关系，按照同胞兄弟优先，再到亲房，末后远房；平辈优先，再到长辈和晚辈的顺序转房。谚语中说：“家有老牛不变草，家有小叔不嫁嫂。”又说：“兄死弟在，牛死肉在。”这是为了保存家族劳动力和财产不外流。转房会影响原有的夫妻关系，这也是造成传统彝族社会一夫多妻现象的一个主要原因。彝族社会有赘

婿，多为没有儿子者招婿，或者无力娶妻者上门，但是不多。

包办婚与自由婚。传统彝族青年男女的婚姻，多数都是包办婚姻，即使是歌场恋爱相识，也需要有媒妁之言提亲，双方合议定亲，父母之命成婚。有的还要出价钱很高的彩礼——也称为“身价钱”。少女的身份不同，品貌各异，加之男方自身的条件和社会地位的差别，女孩的身价自然有很大的差别。因此有的男子因为娶妻而债台高筑，才有“娶妻一顿饭，永远成穷汉”的谚语。包办婚姻大多不符合年轻人的意愿，因而在彝族妇女的“哭嫁歌”中，给予了悲愤的控诉。在出嫁之前与有情人逃婚的也不少见。彝族长诗《逃到楠蜜去》等，反映的就是逃婚的内容。但即使是在新中国成立前的传统彝族社会，自由婚姻也占有很大的比例。新中国成立后，等级制度被消灭，民族界限被打破，陈规陋习被改革，年轻人不但恋爱自由，婚姻也能够自主了，青年们可以自由选择自己的恋爱对象，组建幸福家庭。

二、家庭

父系家庭。彝族家庭结构主要是一夫一妻家庭，以父系血缘为核心和纽带，通过不断的分家、分支而形成庞大的家族、家支。一个家庭的核心成员是父母、子女。除了幼子从父母居住而会有三代、四代同堂情况，一般婆媳不同住，三代不同堂。儿子长大娶妻成家，独立门户；女儿长大出嫁，无兄弟者可以招婿。一夫多妻是一种补充，主要来源于丧偶妇女转房，无子者纳妾，个别权势人物多娶等。妻妾之间地位平等，分别居住，丈夫轮流陪伴，所生子女没有尊卑贵贱之分，权利义务相同。

结婚后生产第一个孩子，丈夫要带上酒礼等到外婆家报喜，外婆家则也向亲属传达喜讯，组织亲戚在满月时来送背扇，并且把亲戚们送的礼物带来。虽然器重儿子，也不轻视女孩，都给予同样的待遇。

女儿出嫁要给嫁妆，家庭财产由儿子继承，幼子可多继承一些，以承担供奉祖灵的责任。

彝族的父子联名谱是维系家族的重要历史根据。一般采取子名前二音、一音联结父名后二音、一音，以此递相传承，以长房为主，分出的另立谱系，如希米遮—遮道古—古珠思—思雅立—立雅密—密札拐……一直向下传递。

母舅为大。彝族相当重视母舅的社会地位和作用。作为长辈，母舅是外甥强大的后盾。凉山谚语说："蕨草无舅父，草头向下弯；杉树无舅父，杉板任人砍；竹子无舅父，竹梢弯两节。""莫要得罪舅父，舅父是援助的强力。"广西彝族谚语说："天上雷公，地上舅公。"都是强调舅权的重要。凉山彝族在赔偿命案金的时候，除了家里亲属得到赔偿，还要给舅父一份。在丧事过程中，安排接待亲戚的火堂，要把舅父家安排在最上方的位置表示敬重。女儿出嫁后受屈辱，平辈的舅家会组织强大的力量到其夫家兴师问罪，甚至不惜为了女儿的荣誉打冤家，以显示舅家的威力。强大的舅父势力，是重要的社会地位的支撑。因此谚语中说："不会背诵父亲的谱系，家支不认你；不会背诵舅舅的谱系，亲戚不认你。"

近年来彝族家庭的变化情况。与1990年相比，2000年全国家庭户人口的平均规模从3.96人缩小到3.46人，缩小了12.20%；汉族家庭户的平均规模从3.92人缩小到3.34人，缩小了14.18%；彝族家庭户的平均规模从4.88人缩小到3.90人，缩小了20.08%。1990年、2000年彝族家庭户规模构成的比例情况为：1人户从5.05%上升为7.74%，2人户从7.83%上升为10.71%，3人户从14.28%上升为19.76，4人户从21.70%上升为28.20%，5人户从20.86下降为19.92%，6人户从14.66%下降为8.95%，7人户从8.43%下降到3.10%，8人户从4.10%下降到1.06，9人户从1.97%下降到

0.39%，10人以上户从1.30%下降到0.17%。从数据上看，彝族家庭户以1～4人为主体。6人以上家庭户比例明显减少，这是一个好的现象，表明彝族家庭从重数量型向适当规模型转变，显示出生活质量可能进一步提高。但是，过多的1人户说明孤独家庭增加，生活质量会受到影响。

第二节　无所不在的家支

进入21世纪，彝族社会融入了祖国大家庭，是56个民族中平等的一员。彝族社会的基层组织，以村寨传统居住地域为主的血缘、亲缘、地缘组织为基础，以乡镇、村委会、村民小组为正式的基层组织形式。在新中国成立前，彝族传统社会发展不平衡，这种不平衡既有阶级社会和各种社会经济形态的差异，也有社会组织和社会制度上的差异。各地彝区因为所处的地域和社会发展阶段不同，表现出不同的社会群体和政治制度。家支制度就是其中最为常见的一种社会、政治组织。这种制度在凉山体现得最为突出。在贵州、云南两省也都有所保留。

一、家支制度

家支。所谓家支，是以父系血缘为纽带，把属于一个父系祖先的后裔紧密团结起来的一种亲属制度。它的特征是，同一家支的成员属于一个共同的始祖，始祖之名就是这一家支的名称。家支传承通过谱系下延，父子联名谱是识别家支的重要依据。传说凉山的彝族都是古侯和曲涅两位祖先繁衍而来，至今已经下传50多代。又如贵州水西的阿哲家支，就是以蜀汉时期著名的始祖妥阿哲之名为家支名，谱系从默部分支到康熙四年已经下传84代。贵州的乌撒家支，就是以宋代著名的始祖默遮乌撒之名为家支名。始祖之下各个儿子或者孙子分家出去之后，就成为家下的一支，不分家的则成为一房。例如，笃慕有六个儿子，六个儿子分支之后各自成为一支，即武、乍、糯、侯、布、默，史称“六祖分支”。而分支出去的这一家下面还要再分支，一般称为家或者房，通常情况下大儿子家叫大房，二儿子叫二房，依次类推，最小的儿子叫幺房。大儿子家往往有很大的权力，称为“易摩”家，掌握祖先祭祀和谱牒承传等大权，可以号令整个家支。但是，彝族家支制度并不是每一代都要分家，而是满九代或者十代之后，才举行“尼木”祭祖大典，祭祖大典之后才可以分家。分家之后以新的不同的始祖作为新的家支，与分家前原来是本家支的人可以通婚，成为亲戚。家支越分越多，以此绵延不绝，家支的人数越来越多，繁衍成一个庞大的家族组织，并且成为具有社会功能和政治功能的家支组织。例如，四川彝族沙玛家，成员众多，几乎遍及凉山各地。有的家支因为分支时间久远，加上社会历史的变迁巨大，可以遍布云、贵、川各地，但是家支的纽带也随着地域的分散和社会的发展逐渐松弛，例如，贵州乌撒四大家族之一的阿尼阿景家，西南三省皆有其成员分布，谱系已经传承 121 代，仅黔西北、滇东北毗邻地区就有 4000 多户 2 万多人，居住比较分散，聚族而居的村寨虽然较多，多数已经与其他家族、民族杂居在一起。

头人。家支虽然不是健全的机构，但有一定的组织形式。例如，每一个诺合家支都有头人，头人或者由“易摩”——长房长子或长孙担任，或者由自然涌现出来的德古——熟悉习惯法善于辞令者以及苏易——为大家办事者担任，他们是家支的自然领袖，如果办事不公或能力下降，就会被新的更有能力者代替。汝卡——战斗中涌现出来的英雄也是自然领袖之一。有的自然领袖可以身兼数任。毕摩是家支供养或者延请来为家支服务的重要人物，是精神领袖和重要的决策人物。

有的妇女因为才能出众，也会成为家支的重要领袖。德古和苏易是一般的矛盾纠纷的仲裁人和处理人，遇有重大战事时他们就是指挥员和谈判代表。汝卡在战斗中冲锋陷阵，英勇杀敌。毕摩担当祭祀、占卜和预测等职能。这些自然领袖没有固定的报酬，在解决各种纷争、办理各种事务的时候，当事人或者争讼双方可以根据惯例给予适当的报酬，因此彝族谚语有“豹子想吃羊肉，绕羊群转来转去；头人想得银子，在家支说东说西。”

汝卡

家支会议。家支的重大事务由家支会议决定。会议有一般商议性质的小型会议“吉尔吉体”和家支大会“蒙格”。“吉尔吉体”是头人会议，主要商议家支内部问题和一般的家支间事务。“蒙格”则是重大问题的决策，牵涉家支成员被杀、与外家支进行战事等，除了家支头人、诺合成员外，本家支所属的曲诺和阿加等都可以参加，是集体大会，有的规模可达上千人。“蒙格”既是一种情况说明、分析、通过提议而决策的大会，也是一种动员、鼓劲的大会。

家支功能。家支具有多重功能，这是它的组织形式结合彝族历史发展到不同的社会形态而形成的。而家支赖以存在和运转的依据，则是维护统治者利益为主的习惯法。家支统治与习惯法结合在一起，维持了彝族社会千百年来的运行。家支的主要功能：一是行使政权组织的功能。二是维护统治者的统治地位，对反抗统治者给予镇压。三是维护森严的等级和统治者的特权。四是保护本家支的利益和安全。

在云南和贵州，家支制度在元代特别是明代民族地区的土司制度建立以后，服从于土司制度了。但是，无论是在彝族统治阶级的上层，还是彝族民间，家支制度仍然有着广泛的作用，不只是统治阶级有家支，被统治的其他彝族也有自己的家支，只是它的地位和作用没有凉山彝族家支那样突出而有力。

二、基层社会

近年来，特别是改革开放30多年以来，彝族人民的物质生活水平不断提高，同时，各地出现了不少追根溯源叙家谱的情况，它是随着全国叙家谱潮流而出现的，也是家支在当代的回潮。

当代彝族的基层社会既有着传统的烙印，又有当代社会法制化主流的特征。彝族的聚居情况是以传统的一个家族相对聚居在一个自然村寨，有的是几个家族杂居在一起。随着社会的发展和传统居住格局的打破，也有几个民族杂居在一个村寨的情况。

经过新中国成立后多年的改革，彝族村寨经历了成立互助组、合作社、高级社等阶段，然后进入人民公社统一管理。人民公社之下设生产大队和生产小队。一个人民公社由若干个大队组成，一个大队由几个或十几个小队组成。党的十一届三中全会以后，公社改为乡镇，大队改为村，小队改为村民组。这些基层组织与彝族传统的村寨有一定的对应关系。一般一个自然村寨就是一个村民组，几个自然村寨结合成一个村，几个村组成一个乡镇。在基层组织之中，彝族的家支组织作用很小，日常管理都是乡镇政府，一般的自治都是村委会在起作用。家支组织只是在遇到民族问题、宗族问题时，起到一点缓冲矛盾，

适当解决一些纠纷，帮助乡镇和村解决一些棘手问题的作用。家支制度和习惯法已经服从于当代的法制社会。只是在家族成员众多、宗族社会比较庞大的地方，偶尔会有一些家支制度的残留，既会对解决社会矛盾、各种问题起一些积极的补充作用，也偶尔会对村民自治组织的选举等产生一些影响。

第三节　舅与甥的亲戚路

在彝族地区，无论是阶级社会还是社会主义新社会，村落都是人们社会生活的主要载体。人是社会关系的总和，人在社会关系中的重要性和受关注程度决定了人的社会地位。彝族的社会关系通过各种不同的社会组织来进行，同时表现为通过不同的亲疏关系、上下关系、内外关系等来确认社会角色，完成各种社会交往。传统彝族社会中，有贵贱、尊卑、对立等一些不合理关系。新中国成立以来，平等、团结、互助、和谐的社会主义新型民族关系已经建立，各民族人民都是祖国大家庭中的兄弟姐妹，民主、法制社会已经是彝族地区的主要社会形态。

一、社会关系

村落是社会组织的基础形式。村落之中、村落之间的彝族人之间的关系，体现为以亲缘关系为核心，以地缘关系为基础，以族缘关系为外围的特点。

彝族地区的村落有三种形式。一种是一个家族聚族而居，集中在一个村寨或者相邻的几个村寨，形成核心的亲缘关系，这样可以互相帮助、共同御敌。这种情况在凉山彝族地区比较普遍。一种是一个村落或者相邻的几个村落之间，往往有几个不同的家族互相交错居住，形成较为方便的姻亲关系。如贵州省纳雍县河头村，以阿景家族和陈慕家族两大姓为主，互为姻亲。还有一种是典型的杂居村落，有的是几个彝族家族交错杂居，如云南省巍山县的龙潭村，主要有罗、鲁、卜、谷四姓彝族居住。还有一些村落是彝族与汉族或者其他民族居住在一起，这在贵州省黔西县、大方县等非常普遍。

家支内部关系。彝族社会关系中最重要的关系是家支内部的关系。彝族谚语说："亲管三代，族管万年。""百年菜种，千年兄弟。"都是强调了家族关系重于亲戚关系的道理。

甥舅关系。这是彝族传统的母系为大观念的延续，舅舅是彝族的代表，和母亲一样具有崇高地位，外甥因为舅舅的地位高而在社会上地位也高，舅舅也有责任和义务保护外甥使其得到更好的发展。彝族有一种叫"雨叟苏菊"——即舅舅走外甥家的走亲戚的方式，在访亲时往往包括了许多互相考验对方知识、才智等的内容，是一种亲戚之间较为文明的比赛，如果外甥能够回答难题、解除困难，会获得优厚的奖赏。

族缘关系。彝族与其他民族的关系，体现在相邻而居的民族之间和相距较远民族之间的关系。因为相邻而居，许多事情都互相帮助，团结一致应付外来侵扰，多数情况下族缘之间关系是和谐的。而对于相距较远的民族关系，发生关系较多的是通商，例如，到凉山经商的汉族商人，一般要请一个当地有势力的头人"作保"，保护自己在经商期间的利益、人身不受侵害。彝族也经常到汉族地方贩卖马匹等，如贵州水西彝族宋代时期就经常到邕州（广西）贩马。偶尔也会发生彝族奴隶主组织人马到彝汉交界地区掳掠汉族人口到彝区做奴隶的情形。

政治关系。部分表现为官民关系或者民族关系，特别是中央王朝与彝族方国土司之间的关系。历来彝族方国与中央王朝的关系是良好的，例如，周武王伐纣时曾经调用过卢夷、巴蜀等的军队；蜀汉经营南中，诸葛亮南征是就得到水西君长妥阿哲的帮助，后封妥阿哲为罗

甸王；唐朝初年与南诏的关系很融洽，因奸臣当道发生过两场战争，而南诏服从中原王朝德化的心愿不改，刻立了《南诏德化碑》，最后与唐朝和解等。这是彝族在政治关系上认同国家一统，反对祖国分裂的一贯表现。明初奢香夫人反对分裂，维护祖国统一就是一个很好的例证。也有各种原因造成彝族社会与朝廷官员之间的矛盾而引起战争的情况，如元朝大将刘深征讨八百媳妇国时，过度苛索水东、水西土司，引发了宋隆济、奢节起义，起义被镇压之后，刘深也被诛杀。民国时期四川军阀刘文辉经常在凉山一带制造彝族与汉族之间的矛盾，镇压彝人。新中国成立以后，彝族人民的利益诉求得到通畅的表达和满足，稳定、和谐的政治关系和民族关系得到巩固和加强。

二、社会组织与活动形式

现代社会的彝族地区，已经纳入法制化管理的轨道，基层社会组织就是自治组织村委会和一般组织村民组，还有依托村委会建立起来的妇女会、民兵连、计划生育协会、老年协会和合作社、专业协会等，都是在党和政府的领导下依法建立起来的，这些组织将各个方面的群体有力地组织起来，是政府在基层管理中有力的支撑和补充。

在传统的彝族社会中，特征明显的是以不同的年龄和性别区分的群体，不同的群体有不同的成员、组织形式和活动内容。云南彝文古籍《彝汉教典》中对人生各阶段的划分和总结，体现了彝族人的人生观和伦理观，其中说："奇妙的大地，人类生其间。一月如清水，十月声振屋。长到二三岁，要闹只知吃。长到六七岁，狗咬不知吆。长到十二三，欲想佩利剑。长到廿二三，政令合民心。长到三十三，有随身坐骑。长到四十四，善思又博识。长到五十五，一人敢独闯。长到六十六，不管鸡食谷。长到七十七，以古言论理。长到八十八，落脚不成步。长到九十九，似腐朽松柏。"

人生年龄的各个阶段是决定其社会活动的重要生理因素。在大凉山的彝族聚居区，这些社会群体都有不同的称谓和社会活动。按照年龄大小，凉山彝族将人生划分为五个阶段，对各个阶段的群体有习惯性的称呼：

1～10岁，称为“阿依”；

10～25岁，称为“达诗”；

25～40岁，称为“波则”；

40～55岁，称为“苏易”或“尼嫫”；

55岁以上，称为“莫苏阿普”或“莫苏阿姆”。

无论是否同一家族成员，是否有亲属关系，只要是在同一村落或地区居住，这些同龄人都结合成一个社会群体，在一块开展社交和其他活动。

阿依蒙格。彝语意思为“小孩会议”。每年春季举行一次，一般是以一个村寨或者相邻的几个村寨为范围，由当地一名头人主持，所有小孩不论男女都要参加。会议的主要内容是举行一种祈福禳灾的仪式，祈祷儿童不患传染病，身体健康，平安成长。仪式过程中穿插各种儿童喜闻乐见的游戏活动，仪式完毕还要分食烤荞粑粑，喝醪糟酒，祝愿吉祥幸福。

阿依

西尼蒙格。彝语意思为“妇女会议”，是彝族妇女们的

专门会议，会议成员主要是妇女，一般由妇女中威望高、能够主持公道、为妇女们所信任的头面人物主持。根据需要，可以邀请毕摩、德古或者苏易参加，作为决策的重要参谋或决定者。西尼蒙格主要讨论与妇女有关的重大事件特别是危及妇女生命财产安全的重大问题，如妇女被杀、自杀、被抢劫等。参加者一般为同一家支的妇女成员。会议的决定对维护妇女的特殊利益能够起到一定的作用。

委吐蒙格。彝语意思为"毕摩会议"，是由毕摩参加的专门会议，会议成员为相邻彝族地区的毕摩，由德高望重、大家公认的大毕摩主持会议。这种会议一般是在毕摩或者毕摩家人被杀，财物、法器和或者奴隶被抢劫时举行。会议一般在事件发生的地点举行。在作出有关的会议决定之后，毕摩们还要举行诅咒法事，并且将被诅咒的对象写在纸上，以便所有与会的毕摩今后在任何地方做法事时都要再次进行诅咒。由于毕摩在彝族传统社会中的神圣性，这种会议的决定和做法无疑给肇事人施加了极大的精神压力，是迫使肇事者就范促成问题解决的重要方式。

"公房"、"玩场"与"青棚"。这些是青年男女举行社交活动谈情说爱的场所，是重要社会活动的载体。彝族撒尼支系一般都在一个村寨或者几个村落联合修建一个"公房"，设置在村寨之外，供青年男女作为夜晚结交异性的场所，青年人可以在"公房"中唱歌游戏，尽情玩乐。滇南一带彝族青年有"吃火草烟"的习俗，一般在山野约定的地方即俗称为"玩场"的地点举行，男女青年在玩场上结识后，如果两情相悦，女方为男方点火草烟，男方赠送女方礼物，即确定恋爱关系。云南彝族地区也有"青棚"供年轻人社交，其情况与"公房"相似。节日举行重大活动的场地，是所有年轻人谈情说爱的重要场合。

第四节 威风的德古

法律是维护社会秩序的权威工具。彝族在当代社会已经进入国家法制化的轨道，与全国人民共同受到社会主义法律的保护。在新中国成立前，比较开放、已经封建化的彝族地区进入了封建社会的法制程序，而比较封闭的凉山等地的彝族，维护社会秩序的工具主要是习惯法。

一、彝族成文法

彝族有自成体系的成熟文字，已经应用了上千年，但是在历史上，彝族是被认为没有成文法的民族，这是因为有许多彝文古籍还没有翻译出版，还不为外界所知。在新中国成立前，特别是“改土归流”之前统治者采取愚民政策不让百姓学习运用彝文，造成彝文仅限于上层人物掌握，阻碍了彝文的使用和发展。武洛撮时代的《治国安邦经》中就有法律条文，但是已经失传。目前能够见到的是秦汉之际夜郎国国王武夜郎制定颁布的20条律令，即《夜郎君长法规》，这部法规内容涉及刑事、民事、军事多个方面，以及对君长的义务、对民众婚姻的规定、赋税的征收等，是较为全面的一部律令。

但是，由于地理处于分割形势，彝族社会在历史上处于家支林立的状态，这部发源于黔地的《夜郎君长法规》并没有流传到云南、四川等地的彝族地区，因此，大部分彝族地方包括夜郎国结束之后的贵州彝族地区，彝族社会主要还是靠习惯法来维护其秩序。

二、习惯法

凉山是彝族习惯法体系最为成熟和应用最为广泛的地区，凉山彝

族习惯法是彝族习惯法的代表。

凉山彝族习惯法是以家支制度、奴隶制度、等级制度等社会制度为基础，以彝族历史文化传统为渊源，以封闭的地理环境为依托，以彝族自然领袖德古为主要仲裁者，以彝族毕摩为仲裁的补充，以全体彝族为执行对象的一套法律制度体系。它在彝族传统社会中起到过十分重要的作用，在新社会，它的合理成分仍然起着良好的稳定社会的作用，而不合理成分则逐渐被现行国家法律所取代。

彝族习惯法没有民事习惯法和刑事习惯法以及程序习惯法的明确分类，但是用现代法学的分类方法，同样可以对习惯法作一个大体的区分。根据有关专家的研究，凉山彝族习惯法的规则可以分为四类：

第一类是关于兹莫统治、家支制度和等级关系的习惯法。这类习惯法可以归纳为 86 条。如兹莫外出巡视，各村寨须摆香案迎送；男人路遇兹莫，须退到路边，低头站立；女人遇到兹莫，须下跪磕头。百姓有事去见兹莫，须下跪并磕三个头；诺合主子械斗时，受到指令的曲诺必须协助参加战斗。又如家支成员必须全力维护本家支的利益，严格执行家支的决议。有家支或家支的其他成员需要帮助时，应以人力或物力鼎力相助。家支成员若不对家支履行义务、损害家支全体利益或分割家支内部成员，将受到习惯法的加重处罚。

第二类是处理民事的习惯法。这类习惯法可以归纳为 167 条。如家支内以个人为民事主体，家支成员满 15 周岁方可承担民事责任；同身价的人在民事活动中地位平等；跨等级、同等级或同家支之内，均可发生租佃关系；土地不能租给或卖给冤家及远方的诺合家支；借债用于办丧事或治病的，不到一年不计利息，一年以后每锭白银按年利 0.2 锭计（当代折算成人民币）。又如女子出嫁年龄原则上为 17 岁以后，男子原则上无限制。除非已出六代以外，不同辈份的亲属不能结婚（转房不受限制）；妇女婚后与人通奸并合谋害死丈夫，应处死刑；妇女责任较轻可以赔偿命金；妻子被丈夫本家支以外的人霸占的，按“杀人抵一命，拐妻抵九命”处理，霸占者要向夫方家支赔偿相当于聘金十倍的赔款；如需养育子女，妻子一般不应另嫁，如果另嫁他人，则原夫的人命金由新夫家负责赔偿；兹莫上门，须杀牛羊并用“全礼”（杀牛垫羊，杀羊垫鸡）；诺合上门，须杀牛羊招待；同家支上门，可仅杀鸡招待。

第三类是刑事习惯法。这类习惯法可归纳为 148 条。如根据犯罪事实和情节，将犯罪分为“黑、黑花、花、花白、白”五种不同程度分别处理。实行家支主义原则，家支内外有别，处理案件时内部从严、外部从宽。如果杀害家支成员必须抵命，杀外家支成员则可以赔款方式解决。杀害诺合毕摩要赔偿命金 121.5 锭以上；杀害曲诺毕摩要赔偿命金 99.9 锭以上。杀死本家支成员应抵命的，由家支逼其自杀。过失杀人可以开除家支籍，可以赔偿命金。偷盗本家支，除退还赃物外，按所偷盗财物 10 倍赔偿，并向受害者杀一头牛赔罪。屡教不改者开除家支籍。偷盗牛、马，不管破获的时间长短，除赔本外，再赔一头牛、马。刑罚的种类有死刑、伤残刑、捆打、套脚镣手铐、监禁等。

第四类是程序习惯法。彝族习惯法程序，可以归纳为 30 条。如德古、苏易（头人）共同敦促习惯法的实施，并且负责审理和调解各种纠纷。审理和调解案件必须依据习惯法规则或者判例。德古有权向当事人所属家支和个人调查证据，家支和个人不得拒绝。德古审理或者调解案件实行“背靠背”原则，当事人双方隔一定的距离分别向德古陈述案情，德古认真听取并传递双方意见。德古们合议确定的裁决方案，经当事人及其家支同意接受后，方可让他们坐到一起，宣布并通过德古的裁决。赔偿或刑罚等处理结果，由家支头人和德古监督执行。德古调处纠纷一般不收取费用。较大案件结案后败诉方应象征性地付

给德古酬谢金。

习惯法是彝族重要的法律遗产，它在彝族古代起着调节社会关系、维护社会稳定的重要作用，也留下了维护等级制度和统治阶级利益的鲜明特征，在新社会已经逐步被国家成文法律所取代。但是彝族习惯法并没有完全退出历史的舞台，在凉山等彝族聚居区仍然起着一定的作用，它的明显的人性的特征是其在现代社会还拥有一席之地的基础。

第五节　神圣的毕摩

毕摩是彝族传统社会生活中不可或缺的重要人物。他在彝族生活中承担着沟通人的前世、今生与来世，主持重大祭祀和婚丧礼仪，沟通人神关系、人鬼关系，引导人们的精神信仰，医治人的生理疾病，维护人的心理健康，传承彝族典籍文化等许多重要职能。毕摩在彝族中地位崇高，古今皆然。

一、毕摩的来历

毕摩的来历，一种是家传的世袭毕摩，另外一种是跟毕摩学习而成为毕摩。

世袭毕摩是父子相传，或者祖孙传承。世袭毕摩在彝族社会中的地位高于师徒授受的毕摩。世袭毕摩从小就跟着祖父或者父亲学习经书，观摩法事，接受长辈耳提面命的教育，随时得到指导和检验，对毕摩职能入门快，进入角色自然，有的在10岁以前就已经能够背诵许多经书，熟悉小型法事仪式程序，能够主持一些小型活动。到20岁之前，一般都做过数十场法事、仪式等，多数已经是成熟的毕摩，有的已经是著名的毕摩了。彝族在选择毕摩时，一般首选的是世袭毕摩，据说世袭毕摩主持祭祀与仪式的成功率高于其他毕摩。

毕摩

师徒相传的毕摩，徒弟决定学习做毕摩后，就近选择一个毕摩拜其为师，可以住在自己家里，随时向毕摩学习。如果相距较远，则到师父家里，一边参加生产劳动，一边跟着师父学习经书、仪式程序和各种法事的做法。三五年出师，师父赠给一套法器和经书，即可以正式独立主持活动。

历史上，毕摩是彝族远古时代的宗教祭师，最早有巫师职能。许多研究证实，毕摩在彝族文明史初期，担任着酋长兼祭师的双重职能，同时施行巫术与医疗，为人们治疗身体和灵魂。特别是遇到战争、灾难、迁徙等重大事件的时候，毕摩作为酋长和祭师要举行占卜、祭祀、宣示神灵旨意等重大仪式，统领部落完成宣战、避难、迁移。随着国家的建立，宗教职能和行政职能的逐渐分开，毕摩成为彝族“兹”（君长）、“莫”（大臣）、“毕”（师人）政权结构中统治阶级的重要角色，是“酋长左右斯须不可缺”的智囊，在有彝族统治政权的整个历史阶

段起着极其重要的作用。由于毕摩是从身兼双职向专门化发展，身上还遗存着酋长的尊贵、神人的神秘并且起着非常关键的作用，所以彝族谚语有“兹来毕不起”的说法，显示了毕摩的尊严。到了封建社会晚期，彝族在失去方国地位变成土司之后，毕摩中的多数人又成为了彝族土司、土目家族的专职祭师。清朝初年“改土归流”之后，毕摩失去了政治依靠和政权依托，从专职为统治阶级服务转而变成为广大彝族人民服务。

二、毕摩的职能

毕摩除了在古代担任过酋长的角色，在后来的发展历程中，毕摩的许多职能都在发挥着作用。

占卜预测。“国之大事，惟祀与戎。”古代彝族社会中，战争和祭祀是重大的事件。而狩猎、耕作、收获，出现灾异现象、疾病、死亡等，都需要知道原因、预卜结果。毕摩担当了占卜和预测的重要职能。在战争、祭祀等开展之前，要占算吉凶，预测结局，鼓舞士气，告慰神明，请求祖先保佑，赐给吉祥等。毕摩还要凭借丰富的经验和一定的科学知识，预测战争中可能出现的气象变化，随时解释出现的各种预兆，采取相应的措施加以利用或者化解等。

毕摩的签筒

主持祭祀。凡是重大祭祀仪式，都要请毕摩主持，无论是部落、方国、统治者家族或者彝族各个家支的重大祭祀，都必须请毕摩主持。许多重大祭祀，如战争祭祀、举行祭祀分支仪式的“尼木大典”和隆重的丧礼等，要延请几十个毕摩，要将“武毕摩”、“哪毕摩”、“吐毕摩”等重要的毕摩派别都请齐，请一个德高望重者为主祭毕摩，将各种仪式和程序分解给不同派别的毕摩来完成。

主持婚礼葬礼。这是毕摩的日常职能。婚礼是人生重大喜事。在迎娶新娘时，一般都请毕摩举行洁净仪式，祓除不祥，把新娘在娘家的灵与肉转移过来，一起纳入夫家的谱系和生活之中。葬礼则是人生归宿的最后一程，要延请毕摩解除亡人一生的冤愆，占卜他所应对的天上的命星，选择火葬地。还要举行指路仪式，把亡灵指引到祖先的发祥地。在经过三代之后举行“匹赖”——换祖灵筒，六代之后举行“法丽”——祭祀祖灵筒，九代或十代举行“尼木”——分支祭祀大典之后，记入家支祖先的谱系。

祈福。彝族每逢年节，都有一些祈福活动。熟悉传统仪式的家庭可以由家长自主完成，有的也请毕摩举行，特别是在彝族十月年、火把节等大型年节举行公共活动的时候，必须由毕摩主持祈福活动。有的祈福活动与祭祀活动一起举行，如祭祀山神、土地，祭龙、祭水等，其目的都是祈求风调雨顺、人寿年丰、五谷丰登、六畜兴旺等。

禳解。彝族在遇到各种反常现象，如牛尾缠树，狗哭泣，鸡生软壳蛋，蛇交尾，空甑鸣叫，乱梦如梦见掉牙齿、大树倒或梦见凶恶事物等，认为是不祥的预兆，都要请毕摩占看吉凶，如果是凶兆，就要请毕摩根据具体的情况举行禳解仪式，祓除不祥，重新恢复到正常的生活轨道上来。

治疗疾病。毕摩一般都有丰富的医疗、卫生知识，如由两个毕摩对话编辑成的《宇宙人文论》中就有许多卫生知识。毕摩在日常生活中采集一些草药储藏以备利用。在为病人举行禳解仪式的同时，还对

病人采取必要的医疗措施，施加小型手术，适当用药，进行心理疏导，讲解生理、心理卫生知识，增加病人战胜病魔的信心，加快疾病痊愈的速度。

文化典籍的传承。彝族的传统文化和彝文典籍，绝大部分是由毕摩学习、掌握、创造和传承的，毕摩是彝族历史文化的集大成者，许多大毕摩的知识相当于彝族文化的百科全书。彝族历史、文化知识、民间风俗、民间神话和故事传说、医药书籍等，基本上都是毕摩创作和记录的。数量庞大的彝族宗教经籍，如《献酒经》、《解冤经》、《指路经》、《丧祭经》、《预测经》等，都是毕摩在传承和使用。其他大型的历史文献，如《彝族源流》，医药文献《齐数书》，天文历法文献，如《吐鲁窦纪》、《吐鲁立咪》等，都是毕摩写作和传承的。承载有巨大的文化含量的各种自仪式，也主要是毕摩在沿袭和传承，其中保留了许多历史文化信息。

经籍与神图

精神信仰的引导。彝族古代以信仰原始宗教为主，现代社会又融入神灵信仰和现代宗教形式。无论是自然崇拜、图腾崇拜、祖先崇拜、神灵信仰，除了现代外来的宗教形式，毕摩在彝族宗教信仰中起着主要的作用，负责各种宗教仪式的表达、宗教经籍的抄写和传承，引导彝族的精神生活，通过适当的形式把彝族引导到较为统一的精神信仰上来。

三、毕摩的禁忌

毕摩是彝族社会生活中的神圣师人，因此关于毕摩的职业和生活等有许多禁忌。

身体有残疾者不能做毕摩。特别是目盲、耳聋，尤其是肢体残缺者，更不能做毕摩。即使是先做毕摩后来才残疾的，也很少有人再请他去举行法事。

日常生活要成为人们的模范。不能有违背习惯法的行为，也不能有违背彝族伦理道德的行为，特别是酗酒、盗窃、奸淫等行为。言谈举止要行端表正，居处、出行、社交要有礼有节。

饮食起居要洁净纯正。平时不能吃病死牛马猪鸡肉，尤其禁忌吃狗肉。特别是在举行祭祀、丧葬等重大仪式期间，毕摩的饮食要由专门的人员负责，防止居心叵测者在毕摩的饮食中放入不洁净的食物，影响仪式，或者造成恶果，导致事主出现灾变。有的法事要求毕摩在举行这种仪式期间禁止性生活、禁止上厕所等，对毕摩起居的要求很高。

毕摩的经书、法器、所用牺牲等不能受到污秽。禁止女性和女性的衣物跨越经书、法具。仪式所用牺牲特别是用于祭祀的牺牲要选择品相良好、健康者，不能用外形不佳、带有疾病的牲畜作为牺牲。

四、彝族宗教

彝族传统宗教主要是原始宗教，包括自然崇拜、图腾崇拜、祖先崇拜和神灵信仰，以祖先崇拜最有彝族特色，神灵信仰主要是佛教和

道教。进入 20 世纪，有的彝族地区也改信外来宗教，如基督教、天主教等。

自然崇拜。这是彝族万物有灵观念和敬畏自然思想的综合体现，也是起源最早的彝族原始宗教信仰。主要有对土地、山神、岩石、水、树木、太阳、月亮、星星等的崇拜。至今还有《祭祀土地神经》、《献山神经》、《祭祀神树经》等经书流传和沿用。

图腾崇拜。这大多数是基于始祖传说，以及对家支有保佑神力、功能的动物、植物等的崇拜，所崇拜的图腾物往往是某个家支的象征或者族徽。例如，云南省楚雄州南华县摩哈苴村的彝族，有的姓氏崇拜松树，有的姓氏崇拜葫芦，有的姓氏崇拜竹子等。彝族总体上崇拜虎、龙。龙所代表的是彝族《勒俄特依》等史诗和传说中的为全民族驱灾纳福的英雄神王支嘎阿鲁，虎在彝族《梅葛》史诗中是创造宇宙万物的本源，虎的尸体分解后变成大地、江河、树木、星星等。另外，在彝族古籍中记载，鹤代表君长，鹃代表大臣，鹰代表毕摩，因此在彝族中有鹤图腾崇拜、鹃图腾崇拜、鹰图腾崇拜等。

祖先崇拜。这是彝族最为普遍的宗教信仰，是彝族在年节期间祭祀最多的对象。祖先崇拜的对象是彝族家支的同一始祖，而且这位始祖就是这一个家支的名称。例如，贵州水西阿哲家族的名称阿哲，就是蜀汉年间因为帮助诸葛亮南征有功而受封的君长妥阿哲。乌撒家族的名称乌撒，就是宋代受朝廷封赐的默遮乌撒。又如乌撒地区四大家族之一的阿景家族，其祖先崇拜的共同对象就是这一家族的先祖阿尼阿景。祖先崇拜有远祖崇拜和近祖崇拜。上述各家的崇拜都是远祖崇拜，远祖之下又分为不同的小支，这些小支也有自己的近祖崇拜。根据不同的情况，在分支以后，祖先崇拜分别有不同的家支名称，称为“能益”或者“诃笃”，这就是彝族各个支系用以区别彼此的“姓氏”和分支地的“籍贯”。

神灵崇拜。彝族所崇拜的神灵，主要有天神策耿祖，地神亥堵府，人神支嘎阿鲁，还有毕摩神恒始楚，投乍姆等。还有许多代表山川、土地、森林等自然神，有创造人类文明的举奢哲、吉禄等，还有家支神灵升格为民族神灵的，如笃慕、六祖等。

五、苏尼

苏尼是彝族巫师。没有世袭的苏尼，苏尼是由于遭受某种疾病或灾害之后，自动变成的，或者由于某种特殊原因，经某个苏尼指点、点化，授予一面羊皮鼓之后就成苏尼了。苏尼没有经书，也不为人们举办祭祀、典礼等正式仪式和活动。只是人们在遭受小病小灾或者一些怪异现象时，可以请苏尼施行敲击羊皮鼓跳巫舞、驱逐鬼怪等巫术。

苏尼的羊皮鼓

第三章

支嘎阿鲁的传人

第一节　天上一簇星　地上一家人

“天上一颗星，地上一个人；天上一簇星，地上一家人；天上一箩星，地上一族人。”这是彝族传统天人合一思想的具体体现。彝人认为，每一个人诞生的时候就是天上一颗星宿降落到人间，他的人生命运与天上与他对应的命星息息相关。就是亡故时也要按照他在天上值日星的情况，给他落实一座向星坟。彝族古代文艺理论家阿买妮曾经指出：“人是天所生，生人天之恩；满天星斗灿，遍地百花繁。”生动地描绘了人与自然，地上人与天上星的关系。

一、古代彝族的人口状况

彝族自古就在西南群山生存、发展。商周时期，彝族建立了自己的部落方国。周武王伐纣时，曾经运用巴蜀之师，得到卢夷之兵的协助，这些部落就是以彝族先民为主体。如果没有勇武和数量充足的军队，周武王不会想到要巴蜀卢夷之师参与伐纣。先秦时期，楚王派遣庄蹻到滇，准备收服滇王国以扩大楚国的势力范围，恰逢秦国灭掉楚国，庄蹻无法回楚，就地变服从俗，融入到滇国的部落方国之中。如果当时滇不是强大的方国，庄蹻的部队也许足以灭掉它取而代之。司马迁写的第一部传记体史书《史记》，专门撰写了《西南夷列传》，可见当时西南夷在整个中国的地位是十分重要的，因此西南夷中数以十计的君长，他专门点了东部的夜郎、西部的滇和北部的邛都，认为这三家在西南夷各地数十乃至上百的部落方国中都是最大的，而这些地方就是彝族古代先民的聚居地。从中可以看出，西南夷在西南地区的人口数量应该是各个部落集团中最多的。魏晋时期，南中地区的居民人口众多，非常强盛，与外来的爨氏等大姓进行联姻（称为“遑耶”），经常凭借强大的势力和晋王朝抗衡，占据南中地区很长时间，就是朝廷派遣到此地任职的官员，往往也屈服于爨人。唐朝时期，以彝族先民为主体建立的南诏国，地域十分宽广，西连吐蕃，南括今缅甸、越南等国的北部地区，北至大渡河流域，东至今广西一带。在整个唐朝时期，中国大地上最为强大的就是唐、南诏和吐蕃，形成了三足鼎立之势。唐与南诏发生了两次战争，都以唐的失败而告终，可知当时南诏国力强大，足以抵挡唐的挑战，这也源于南诏人口数量足够多，不缺乏兵源。

在汉代夜郎国灭亡之后，直到蜀汉时期，贵州彝族君长妥阿哲正式得到蜀汉政权的封赐，为罗甸王，建立了罗甸国。到宋朝时期，已经发展到矩州，即今贵阳一带，首领普贵受到宋太祖的封赐。明朝时期，贵州阿哲部彝族首领霭翠归附明王朝，朱元璋封霭翠为贵州宣慰使并位居各宣慰之上，当时水西阿哲部是贵州最大的土司。一直到清朝初年，贵州西部的居民中，彝族是人口最多的民族。只是在清朝初年“改土归流”以后，汉族移民逐渐增多，人口结构发生了巨大的变化，到道光二十九年修《大定府志》时，人口从“夷多汉少”，转变为“汉多夷少”。这是一个非常重大的转折，从此，汉族人口多于少数民

族人口就成了贵州西部地区的定局，彝族再也不是该地区人口最多的民族。

四川彝族居住区是司马迁所指的邛都地区，即今凉山州一带，唐朝时期这里有勿邓、两林、丰琶等部落方国，可知应该是人口发展比较多的时期。由于地理环境相对封闭，社会经济形态发展缓慢，长期处于奴隶制度的凉山地区的彝族接受外来移民的情况非常少，只有少数被掳掠为奴进入凉山者是非彝族，因此，直到新中国成立前，形成了最大的彝族聚居区，人口约 100 万。

二、当代彝族人口规模及预测

在中国古代，彝族常常被称为“夷”、“蛮”等，彝族各个地区各个支系也有不同的自称。民国时期讲五族共和的时候也没有提到彝族。新中国成立后才统一为彝族。由于时代局限，很难找到古代和现代关于彝族人口比较完整的资料。

新中国成立以后，才有真正意义上的人口普查。1953 年第一次全国人口普查时，少数民族人口总数为 3401.38 万人，到 2000 年增长到 10 449.07 万人，比 1949 年增长 3.07 倍；2010 年为 11 196.6349 万人，比 1949 年增长 3.29 倍。

彝族人口 1964 年为 338.0960 万人，1982 年为 545.3564 万人，增幅 3.41%；1990 年为 657.8524 万人，增幅为 2.58%；2000 年为 776.2272 万人，增幅为 1.80%；2010 年为 871.4393 万人，增幅为 1.23%。2010 年彝族人口数占全国人口总数的 0.65%，与 1964 年相比年平均增长 2.26%，人口绝对数量增加 533.1433 万人，但是总体增幅下降 0.88%，属于较高速增长的少数民族。

从人口、资源、环境协调发展的要求上看，未来几年，彝族人口和增幅保持在 1.0%左右比较合适，总和生育率稳定在 2.0 左右较为适当。否则，到2020年时，彝族人口将突破1000万人。因此，现行的计划生育政策，在彝族地区推行时，既要注意政策的连续性，也要根据各个彝族地区彝族人口的变化情况，作出适当的微调。微调的依据一是自然生存环境的承载能力；二是人口密度；三是人口增长的速度。微调的重点是，在适当控制数量增长的同时，通过大力发展教育、医疗、卫生和其他民生事业，着重提高生活质量，延长健康的人均寿命，提升人口素质。

第二节　龙鹰虎子　星火之灵

一、彝族传统的生育和死亡观念

支嘎阿鲁（也作支格阿龙）是彝族普遍崇拜的英雄神王，他射日射月，划定乾坤，驱妖降魔，治病除恶；定律令，明教化，制人伦，教稼穑，授畜牧，传医药，导信仰；被彝族人民敬奉为师，推举为王，崇拜为神，世世代代歌颂和敬仰。所以，许多彝族人，都自认为是支嘎阿鲁的传人。支嘎阿鲁是龙鹰之子，同时，彝族所崇拜的龙图腾、鹰图腾，在支嘎阿鲁神话传说中都得到体现。彝族神话、史诗《支嘎阿

经籍中的支嘎阿鲁

鲁王》、《支嘎阿鲁传》、《勒俄特依》中都有对支嘎阿鲁诞生的生动描写。例如，《勒俄特依》中的支格阿龙，是其母亲蒲莫列衣去玩龙鹰，龙鹰滴下三滴血在蒲莫列衣身上而感孕，蒲莫列衣请毕摩念了生育经之后，早上念经，午后就生下了支格阿龙。阿龙生下来后被视为怪异而抛到岩下，是龙哺育了他成长，他自称“我也是条龙”，因此取名叫阿龙。他从小就与一般人不同，一岁时就会用竹片、草秆做弓箭，两岁时就会扳起竹弓走在牧羊人身后，三岁时就懂得剑法弓法，四五岁时就去寻找天界地界、测天量地，他射箭射中久拖木姑，至今箭痕犹在。他长大后去射日射月，把大如地坎的毒蛇打成手指一样粗细，把大如竹米囤的蛤蟆打成手掌一样大小，把巨大的苍蝇、蚂蚁、蚱蜢等一一收拾变小。

云南彝族中有自称为“倮罗”的支系。在彝语中，“倮”为龙，“罗”为虎，其意思是“倮罗人是龙虎的子孙”。彝族史诗《梅葛》中，有虎尸分解变化成万物的传说，万物生成之后，人类也产生了，这其中就有虎是彝族始祖的含义。在云南还发现有虎推动地球运转的木板图像。至今云南双柏县，还有跳“虎舞”的习俗，其中表演了虎如何生育的动作。因此，在不少彝族地区，如云南丘北县、楚雄州的许多地方，彝族村寨的寨门边都有老虎雕像，村民们把老虎视为保护神。在贵州慕俄格古城遗址、今奢香博物馆馆址地下，还发掘出了石虎雕塑，虎头至今保存在奢香博物馆内，说明贵州彝族也有崇拜虎的习俗。所有这些逐渐演变成了彝族普遍的虎图腾崇拜。

而贵州彝族古戏《撮泰吉》，也有表现人类从猿人演变而来，威宁一带的彝族从云南迁徙而来，小孩是由男女交合而生的表演。

这些神话、传说、习俗和仪式表演，都是古代彝族对人类是如何产生的哲学思考，只是通过不同的表现形式进行了不同的表达。

在彝族聚居地，每个彝族村寨都有懂得接生的妇女，妇女生育时，一般都要请她接生。但是更为普遍的情况是婆婆为媳妇接生。孩子生下来之后，赶紧打鸡蛋煮甜酒给产妇催奶，把胎盘掩埋在竹林下，开始“坐月”。三天之后，要采集三角枫等药草煮水给孩子“洗三”。头胎孩子要向产妇娘家即外婆家“报喜”，外婆家要组织亲戚来送背扇和衣物、大米、鸡蛋等。邻居的妇女们也要来送鸡蛋、大米等，表示祝贺，产妇家要煮甜酒鸡蛋招呼亲朋，叫“吃甜酒”。孩子满月时，把“坐月”期间不能乱扔的鸡蛋壳统一集中抛弃在村寨的岔路口，一则显示吃的鸡蛋很多，二则让路人踩碎求得孩子健康成长。然后要办“满月酒”，抱孩子出来和亲戚见面。有的地方要请舅舅上座，给孩子取名、祝福，并赠送礼物。

彝族对待死亡态度十分达观。《玛牧特依》、《彝汉天地》、《献酒经》、《指路经》等古籍中，都对生死是自然现象作了明确的解释。老人病危的时候，要通知儿子全部到齐为老人送终。老人亡故后，要举行隆重的丧祭。彝族谚语有“死人不吃饭，家产去一半”之说。在彝文古籍中常常可以看到“打牛遍坡红，打猪遍地黑，打羊遍山白”的记载，是古代彝族举行盛大丧祭活动的历史记录。丧礼之后，要把老人送到家支的火葬地火葬，然后举行招灵仪式。彝族人认为人死有三魂：一魂守火葬场，一魂被指引到祖先的发祥地，一魂则招回家中供奉保佑子孙平安。过了三代举行“匹赖”仪式送入祠堂，过六代以后举行“法丽”仪式送到高崖岩洞，这是悬崖葬式的遗迹。清朝初年“改土归流”之后，云南贵州等地普遍改行土葬，而凉山地区保留了火葬习俗，一直沿袭到现在。但火葬并不是彝族唯一的葬式。彝文经籍《丧祭经》中有“白死白埋，吐实楚来葬；黑死黑烧，那乍姆来焚”的记录，指的是古代白彝实行土葬，黑彝则实行火葬。而儿童死亡，则用草席等物裹后，送到远处的森林里放在树杈之间，实行树葬。凶死者，有的地方是装入大瓮中实行瓮葬，有的则送入江河中实行水葬。

而在战争中为民族、为部落而牺牲的首领、勇士，则要统一举行隆重仪式，为英雄们表演骑马射箭，鸣枪送行，统一安葬。特别是首领安葬更为讲究，彝文《治星经》中有“戴铜帽，穿铜鞋而葬；戴铁帽，穿铁鞋而葬；戴桃帽，穿桃鞋而葬”的记载。彝族英雄史诗《铜鼓王》中有用铜鼓陪葬的记载。

彝族人认为每一个人都在天上有自己的一颗命星，所以实行火葬之后留下的“向星坟”（也叫“向天坟”）的坟口，要对准天上那一颗命星。

二、彝族当代出生率与死亡率的变化

1. 出生人数与出生率。

从20世纪80年代实施计划生育政策和有关帮扶政策以来，中国各民族的出生人数、出生率都发生了显著变化。彝族出生人数由1981年的16.66万人上升到1989年的17.09万人的高峰后，转而到2000年回落至14.54万人，降幅在40%以上。彝族人口出生率从1981年的30.55‰下降到1989年的25.98‰，再大幅下降到2000年的18.38‰。

2. 出生孩次构成变化。

1981年的多孩率（三孩以上），彝族为58.82%，1～2孩为41.18%；1989年，彝族多孩率下降为30.28%，1～2孩上升为69.72%；到2000年时，情况进一步改善，彝族多孩率下降为18.57%，1～2孩上升为81.43%。这和彝族抚养比的下降关系密切，对提高生活质量有明显好处。

3. 总和生育率的变化。

彝族的妇女总和生育率，1981年为5.21，1989年为3.07，2000年为2.04，已经下降到自然更替水平，说明彝族妇女生育模式已经由自发型高生育模式，转变为节制型低生育模式。

4. 早育率的变化。

过去，少数民族中多数有早婚、早育的情况，因此，早育（15～19岁）率与全国平均水平相比要略高一些。彝族的15～19岁的生育率，1989年为39.40‰，2000年为24.69‰，下降了14.71‰。

5. 子女存活率的变化。

1989年彝族每个妇女活产2.74个子女，存活子女数2.22个，存活子女占活产子女的81.02%（存活率）；2000年，彝族每个妇女活产1.67个子女，存活子女数1.56个，存活子女占活产子女的93.57%（存活率）；2010年彝族每个妇女活产1.76个，存活1.71个，存活子女占活产子女的97.41%（存活率）。2000年与1989年相比，彝族每个妇女活产子女数减少了1.07个，但是存活率提高了12.55%。2010年与2000年相比，彝族每个妇女活产子女数减少了0.09个，但是存活率提高了3.84%。出生婴儿的生命质量得到大幅度的提高。

6. 彝族人口死亡率及其变动。

因我国经常性人口统计中没有族别统计，1953年、1964年、1982年的三次人口普查也没有调查分民族人口的死亡状况。

根据第四次人口普查（1990年）资料，专家计算1989～1990年汉族的粗死亡率为6.22‰，55个少数民族的粗死亡率为6.94‰，少数民族粗死亡率比汉族高0.72个‰。彝族第四次人口普查时（1990年）的死亡率为8.52‰，比汉族的高2.30‰，比全国少数民族的高1.58‰。属于死亡率较高的民族。

第五次人口普查（2000年）时，汉族人口死亡率为5.87‰，全国少数民族为6.27‰，彝族为7.89‰；少数民族总死亡率高出全国0.37‰，高出汉族0.4‰；彝族高出汉族2.02‰，高出少数民族总死亡率1.62‰。10年之间，彝族的死亡率下降了0.63‰，但是仍然比汉族高，而且还高出少数民族总死亡率。

第六次人口普查（2010 年）时，汉族人口死亡率为 5.59‰，全国少数民族为 5.33‰，彝族为 5.99‰；彝族高出汉族 0.40‰，高出少数民族总死亡率 0.66‰。10 年之间，彝族的死亡率下降了 1.90‰，但是仍然比汉族高，而且高出少数民族总死亡率的差距拉大了。

1990 年，汉族预期寿命是 70.46 岁，全国少数民族的预期寿命是 66.24 岁，彝族的预期寿命是 61.74 岁，比汉族少 8.72 岁，比少数民族少 4.5 岁。2000 年，汉族预期寿命是 73.34 岁，全国少数民族的预期寿命是 69.30 岁，彝族的预期寿命是 63.96 岁，比汉族少 9.38 岁，比少数民族少 5.34 岁。彝族的预期寿命虽然提高了 2.22 岁，但与汉族和全国少数民族总的预期寿命的差距分别拉大了 0.66 岁和 0.84 岁。

根据 2000 年的数据分组，全国少数民族预期寿命大于 70 岁的有 18 个，大于 65 岁小于 70 岁的 26 个，大于 60 岁小于 65 岁的 7 个（包括彝族），小于 60 岁的 4 个；如果进行排名，彝族排在第 46 位。分性别看，汉族男性预期寿命为 71.46 岁，少数民族为 67.14 岁，而彝族男性预期寿命还在 60 岁上下，没有达到 65 岁。汉族女性预期寿命为 75.33 岁，少数民族为 71.10 岁，彝族女性的预期寿命还在 65 岁以下，刚刚超过 60 岁。

这些说明，彝族在新中国成立特别是改革开放以后，寿命得到较大的提高，死亡率在大幅度降低，生命质量得到一定的提高。但是，与全国总人口，全国少数民族总人口和汉族人口相比较，彝族寿命增长的幅度小，生命的质量提高的程度也较小。

第三节　太阳金姑娘　月亮银儿子

古代彝族对于男女性别的区分和对待男人和女人的态度，经历了一个发展的过程。

一、古代彝族社会的男人和女人

如同人类曾经经历过母系社会一样，在彝族的历史典籍和史诗中，也保留了许多遗迹。在《太阳金姑娘和月亮银儿子》这个神话中，彝族认为姑娘的属性是金、是太阳，儿子的属性是银、是月亮，显然包含有重视女性的意识。彝族史诗《勒俄特依》中记载，石尔俄特的父辈、祖辈以上若干代，都处在生子不见父的状况，石尔俄特决定去寻找父亲，走了很多地方询问了许多人，大家也不知道父亲在哪里。石尔俄特遇见女子姿尼诗色，向她打听父亲的所在，姿尼诗色告诉他娶妻生孩子，就见到父亲了。于是石尔俄特娶姿尼诗色为妻，他就成了人类的第一代有谱系记载的父亲。可见，在石尔俄特时代之前，是母系社会制度，家庭以妇女为核心。

太阳金姑娘

《物始纪略·女权的根源》中说："很古的时候，男女在世上，分也无法分，夫妇也难分。在那个时代，子却不知父，子只知道母。一切母为大，母要高一等，所有的事务，全由女来管。女的又当君，女的又当臣。制造弓和箭，利剑和野兽，兽肉女来分，女分肉均匀，她就是君长，人人都心服，一切听她话，她说了就行。"这是彝族母系社会时期妇女当政的生动记录。

在彝族史诗《洪水泛滥》中，记载洪水泛滥之后人类只剩下了笃

慕一人孤独地在洛尼山上。天君策举祖有感于笃慕虔诚祭祀天地祖先，心地善良，就在拜谷楷嘎设置歌场，让三位天君的女儿尼以咪哺、能以额多、蚩额武吐到歌场上，与笃慕对歌成亲，生下了六个儿子，史称“六祖”。可见当时笃慕的等级和地位远不如三位妻子，一个天上，一个地上，差距很大。这也凸显了当时妇女的地位高于男子的地位。

石尔俄特时代、笃慕时代（春秋末期）彝族正式进入父系制社会。但是彝族妇女的地位并没有因此一落千丈，彝族妇女在家庭生活和社会事务中，仍然占有重要的地位。就是在彝族统治家族中，彝族妇女也可以参政议政，甚至直接接替职务，参与政治。例如，彝族阿哲家族长期统治贵州西部，到元代时，君长阿糯之妻奢节，曾经执掌政权；到了明代，贵州宣慰使霭翠之妻奢香夫人，也曾经代袭贵州宣慰使之职，并且在维护国家统一、民族团结和边疆地区的开发开放方面作出了重大历史贡献，名垂青史。奢香夫人的儿媳妇奢助，也曾经代表贵州宣慰使到京城去，向明朝廷进贡马匹等水西方物。凉山彝族传统社会中，两个家支之间发生了冤家械斗，当双方都已经精疲力竭难以支撑时，如果有妇女在战斗的双方之间举出旗帜，表示请求停战、进行调解时，双方就会立即停战。

古代彝族基本上没有性别歧视，在有的方面甚至对女性更加尊重。例如，叙名入谱是彝族古代婚礼上的重要仪式，女子嫁入男家之后即拥有叙名入谱的资格，此后如果亡故，即成祖先，夫妻（包括妾）的名字写在一起，先送入祠堂供奉，举行一定的仪式后，一同列入宗谱之中。不论是君长还是平民，对女性都尊重有加。例如，在《彝族源流》中，在叙述阿哲君长谱系之前，先叙阿哲母祖的谱系，表明根子是正统的，血统是纯正的。同样，乌撒部不但有君长的谱系，对乌撒君长的母族和谱系，叙述也十分清楚。

在古代，彝族男女性别结构，没有专门的记载。由于没有性别歧视，彝族古代时期的男女性别结构应该是相对平衡的。但是，由于家支之间的矛盾纠纷时有发生，冤家械斗无休无止，青年男子为战事而死亡是经常的事情。加上彝族婚俗有转房制度，寡妇很少重新再嫁，而是在本家近亲之内转房，形成一夫多妻的现象。还有传统生活条件下，彝族老年男人寿命相对短于老年妇女。因此，彝族成年妇女、老年妇女的比例应该比成年男子和男老人要略多一些。

二、当代彝族男女性别结构的变化

新中国成立以后，特别是在近年开展人口普查后，可以找到一些彝族人口性别结构方面的资料。从总人口、出生婴儿、0 岁、65 岁以上人口性别比等项，能够看到彝族人口性别方面的一些变化情况。

总人口性别比。2000 年彝族人口性别比为 105.74，比 1982 年的 101.89 略有上升。2010 年，彝族人口性别比为 104.66，比 2000 年下降了 1.08，仍然处在性别比基本平衡的高位上。出现这种结果的原因：一是在现代法治社会和开放社会里，家支互相帮助的传统逐渐改变，血缘的纽带渐渐松弛。二是外部重男轻女思想逐渐影响到彝族，生育男孩成为适应周围社会环境的一种选择。

老年（大于或等于 65 岁）人口性别比。2000 年，彝族老年人口的性别比偏低，为 84.06，虽然比 1986 年的 76.21 提高了 7.85；2010 年为 84.42，与 2000 年相比只提高了 0.36，处于基本稳定状态。

第四节　五十不下地　六十不出门

人生一世，总是从呱呱坠地嗷嗷待哺，经过童年遍地玩闹，青年努力向上，壮年事业有成，到老年之后溘然长逝，回归大自然。各个民族对待生老病死的人生观念，具有各自的特点。彝族对待生存和死

亡，都有适应自然、顺应灾变、崇尚名节、不怕牺牲的态度。在少儿时期，注重培养勇敢、正直和乐于奉献的品德，培养对亲人的感情、对家支的忠诚、对民族和国家的热爱。青年人特别重视英勇无畏，立功立业，为了民族的利益不畏死亡，以求功垂后世，扬名四方。老年人以德高望重服人，以智慧和经验教育后生。女孩在十三四岁时，经过“换裙子”仪式后，进入青春期，作为成熟女子谈情说爱，谈婚论嫁。男孩则根据体力和智力的表现，可以随时加入成年人的行列。

一、彝族不同年龄阶段成员的特点

人生四季，不同阶段的生理、心理、智力、经验各不相同，社会对各个年龄阶段的人的看法和要求也不同。彝族在长期的生活实践中，形成了一整套对不同年龄阶段的人的经验总结。比如，对人的年龄的计算，就有比较简明的口诀：“一轮一十三，二轮二十五，三轮三十七，四轮四十九……”按照十二兽属相纪年，即子鼠、丑牛、寅虎、卯兔、辰龙、巳蛇、午马、未羊、申猴、酉鸡、戌狗、亥猪的次序计算年龄，一轮为十二岁，依次相加。熟记口诀后，通过询问一个人的属相，根据所相邻的属相的轮次年龄的高位或者低位，稍作加减即可方便算出年龄，依次类推。

而在总结人生各个年龄段所体现出来的生理状况、心智特征的时候，往往用“一十一”、“二十二”、“三十三”、“四十四”等年龄数字，对人处在这些年龄段位上的表现和应该达到的要求作出描绘、提出要求。这些看法，在彝族教育经典《玛木特依》中有较为完整的汇集。

少儿时期。幼儿时期，“出生一两岁，抱在母怀里，有脚跟母亲，有手抠母胸，母亲微微笑。”童年时期，“长到六七岁，自己活动了，莫打邻居鸡，成长莫作恶，成长若作恶，子孙难兴旺。”少年时期，“长到十一岁，长肉未结实，椎骨未定型，人小心幼稚，马驹骑不稳，人小思玩乐，一日跑九处。”

青壮年时期。青年时期，“长到十六七，穿着要整洁，骑马鞍要美，结交好亲友，只带好猎狗，只认好汉交，好坝我马骏，好林我狗快，好山我放羊，杀敌我儿勇，集会我女靓，幸福又自豪。”长成之后，要独立生活，放牧自己的牛羊，耕种自己的田地，饲养自己的骏马，“长到二十二岁后……茫茫人世间，待兹要礼尊，会得好君主；守信交朋友，就得好朋友；顺从父母心，跟随兹莫走；天下重礼兹莫就安然，庶民贤良兹莫就安心。”到二十五六岁时则已经是成为勇士的年龄，可以随时上战场了，“人到二十五六岁，生龙活虎样，随人能跟上，自逃能脱身，昂首无畏惧，治服强势敌，俘人掳马归，若智又若愚，我饱以为他人饱，我饿以为他人饿。”到了三十多岁的时候，各方面都成熟而有主见了，成了大家的依靠，所以，“人到三十三，如意之人随一个，骏丽的马骑一匹，自己的烟杆拿一只，锋利的长剑佩一把，出征之日不思归，真话所说有哲理。一身显庄严，所议皆妥当，众人亲近之。”到了四十多岁时，掌握了权力，担当着政务，所担负的家族中的重担不可推卸。承担的重大责任之中，举行“尼木”祭祖大典进行分家成了

彝族青年男子

一大要务，“人到四十四岁后，毕摩祭祖灵，祖灵关后人，政务要管理，管理才可兴。祭的是鬼神，鬼神祭后安。老人受敬重，儿女受训诫。三代做一斋，斋事顺当当，子孙福齐天。家族越分细，势必兴旺了。”五十多岁后，人生阅历已经十分丰富，“人到五十五，能知一切事，兹知千千事，莫知百百事，毕懂无尽头”。这个年龄，当君长的理政则政令通畅，当大臣的断事则头绪清楚，当毕摩的祭祖则吉祥清净。智者与愚者的语言、行为截然可判。要避免结仇结怨。

老年时期。六十岁以后，进入老年时期，基本上就不动了，“人到六十六，坐骑要温顺，箭莫插发髻，德古不说案，言语难从心。一生将要老，黑发苦一世，白发苦二世，人老手足老，子孙来赡养。”七十岁以上的老人，在彝族古代社会人数不多。“人到七十七，七十不寒暄，晒谷不撵鸡。老来到头上，头昏眼又花；老来到眼里，一个成两个；老来到耳时，耳背听不清；老来到脚上，步履蹒跚了；老来到口里，言语不清了。”这个时候要特别注意保持晚节，维护道德，保持尊严。否则，“兹无德则丧格，莫无德则无光，毕无德则害人，民无德则生事。”八十岁以上的老人，齿脱鬓衰，“活到八十八岁后，坐在屋檐下，见人不多问，见亲不认亲，已是行将滚落的石头。寿长鬓毛衰，黄牙磨平了，十有五

彝族老人

缺了。像只黑猎犬，心系深山猎，心力却衰竭，威名仍然在。”人生百年，对许多人已经是梦想，但是能够达到这个高寿的老人，“人生九十九，有眼不认路，有耳听不见，人将流逝了。鸡啄手不知，蚁咬脚不知。浅雾变黑云，黑云变霜雪，霜雪变冰雹，手如握木叉，渐渐消逝了。”

二、当代彝族的年龄构成和抚养比情况

1. 年龄构成。

在老年型、成年型和年轻型三种年龄构成中，通过2010年与1982年的比较，虽然发生了明显的变化，但是彝族年龄构成仍在年轻型状态。具体情况为，0～14岁人口比例从1982年的42.19％转变为2000年的30.27％，下降11.92％；2010年又转变为27.24％，下降了3.03％；处在国际通用标准的下限值以下。65岁以上人口比例从1982年的3.9％转变为2000年的4.79％，上升0.89％；2010年又转变为5.89％，上升1.1％。年龄中位数从1982年的18.9岁转变为2000年的25.2岁，上升了6.3岁。

未来彝族育龄妇女人群和活产婴儿规模还较大，人口处在增长较为迅猛的势头还会持续相当长的一段时间。

2. 抚养比变化情况。

抚养比分为少年儿童抚养比，即（0～14）/（15～59）的百分比；老年抚养比，即（60＋）/（15～59）的百分比；和总抚养比，即[（0～14）＋（60＋）]/（15～59）的百分比。1982～2010年彝族抚养比的变化情况是：少年儿童抚养比从1982年的81.81％转变为2000年的48.74％，下降了33.07％；2010年转变为42.56％，下降了6.18％。老年抚养比从1982年的12.1％转变为2000年的12.3％，上升了0.2％；2010年转变为13.65％，上升了1.35％。总抚养比从

1982 年的 93.91%转变为 2000 年的 61.04%，下降了 32.87%；2010 年转变为 56.21%，下降了 4.83%。

彝族抚养比例下降的主要原因是儿童数量的减少，同时，老年人数量增长缓慢。总体抚养比例下降的主要原因，是从 20 世纪 80 年代实施的计划生育政策。可以预计，彝族抚养比例的减少，对于提高教育水平、生活质量等意义重大。

第五节　玛牧育德　尔比训智

彝族在新中国成立以前，传统教育一是靠家庭来传授生存技能，二是靠家庭和社会来传授伦理道德，三是靠布摩和摩史来传承传统宗教和文献典籍并开办布吐（相当于学校）来进行传承。所以成人文盲率很高。新中国成立后，民族教育得到党和政府的大力支持，学校教育得以兴办，许多彝族聚居区成立了民族小学、中学，有关省成立民族大学、院校，学生享受国家补贴，享受降低录取分数线的照顾等，受到正规教育的学生逐渐增多。

纵向比较，全国少数民族在校学生由 1952 年的 156.89 万人增加到 1990 年的 1193.93 万人，增长了 7.61 倍，到 2000 年又增加到 1774.83 万人，比 1952 年增长了 10.31 倍，这其中就有许多是彝族学生。

一、彝族的传统教育

1. 家庭教育。

家庭教育是彝族传统教育中最为重要的形式。孩子一出生，父母就是他的启蒙老师，兄弟姐妹都是同学和师长。彝族家庭教育中，日常的方式是言传身教，主要学习历史（包括背诵家谱）、文化（彝族对世界的认识和解释)、生存技能和适应社会的能力。讲述神话、传说、民间故事，让儿童了解世界，了解人类的历史和发展。例如，关于支嘎阿鲁的神话传说，他的英雄主义和神奇经历，哺育了一代又一代的彝族孩子。背诵家谱是彝族儿童必须学习的内容，这关系到以后进人社会，如何在社会上认识家支的人，区别亲戚关系，寻找保护，避开仇敌等。许多格言谚语，也是在家庭中传授给儿童，让孩子从中学习、领悟到如何适应自然、获得生存本领。例如，“莫到冤家娶媳妇，莫到河滩找土地。”“拥有羊群则发财，拥有粮食就胆大，拥有金银就发达。”“匠人靠做工吃，毕摩靠念经吃，百姓靠牧耕吃。”参加少年儿童的娱乐和竞技活动，如老虎抱蛋、扭扁担、甩皮风、赛马等，是训练成一个勇敢战士的必须经历等。

2. 社会教育。

社会教育主要通过彝族少年儿童参加社会活动获得，以德育为主。在听取德古、苏易等人调解纠纷时，了解和熟悉大量的习惯法以及用于说服当事人双方的案例、格言、谚语、历史知识等，以便于在今后的生活中有参考的知识和对比的做法。参加婚礼、丧礼，“雨叟苏菊”即走亲串戚，参与一些亲戚之间斗智斗勇的活动，例如，进行“尔比尔吉”口才竞技表演比赛、摔跤等，也是在社会中学习适应社会的方法和途径。

3. 学校教育和毕摩教育。

学校教育有三种情况，第一种是土司子弟到京城太学参加国子监学习。这源于明朝初年，水西土司奢香夫人送儿子安的到京城学习，得到朱元璋的肯定和褒奖，之后各地土司都要送子弟到京城学习，形成惯例，否则不准继任土司之职。因此，贵州水西、乌撒，云南茫部，四川扯勒等彝族土司子弟纷纷到京城去学习汉学。

第二种是在彝族地区开办儒学。例如，奢香夫人在水西地区开办

学校，延请汉儒到水西讲授汉学，教授各民族子弟。这种方式逐渐在彝族地区得到推广。直至民国时期，凉山彝族土司岭光电在他的家乡开办了现代学校，贵州省纳雍县以角的彝族土目安庆吾还开办了国立贵州省以角民族小学，学生毕业后他还把其中的优秀者选送到重庆边疆学校继续学习。

第三种是彝族传统的“布吐”，即以培养毕摩为主的学校。毕摩是“布吐”的主办人，也是老师，学生是愿意学习做毕摩的青少年。学习方式是以师传徒，学习毕摩经典与进行实地的法事操作实践相结合，是传承彝族文化和彝文经籍的主要途径。没有“布吐”的地方，徒弟也可以直接到师父家居住，就近向毕摩学习。由于传统观念的限制，如《夜郎君长法规》等限制平民学习和掌握彝文和彝文典籍，彝族传统教育最大的失败就是人民群众没有学习到彝文，不能使用自己的民族文字传承文化、创造新知。

4. 教育经典。

彝族传统教育中形成一些教育典籍，其中较为著名的，四川有《玛牧特依》，云南有《彝汉天地》，贵州有《赛特阿育》。

《玛牧特依》是流传于四川及云南大小凉山地区的一部著名的彝族古典诗歌，是一部长篇训世箴言录。“玛”的意思是“教”；“牧”的意思是“帮”或者“好”；“特依”就是“书”或者“经”。整个书名的

《玛牧特依》木刻本

意思就是“教人做（好）人”，因此，《玛牧特依》可译为《教育经》。但有的译者也根据其思想内容译为《训世经》。《玛牧特依》的内容，是通过一个男性主人公对人从出生、成长到成熟、衰老，从无知到有知，从对事物的感性认识到理性认识的叙述，对彝族奴隶社会时期的社会状况、阶级状况、意识形态、自然规律、风俗习惯等诸领域加以阐述，借以教育人、训导人，是一部将教育学、哲学融二为一的经典著作。由于时代及作者世界观的局限，《玛牧特依》在某些方面有信奉鬼神和“君君、臣臣、父父、子子”的伦理教育观念，但从总体来看，它通过总结很多前人的事例叙述矛盾无处不有，而且事物都是经常处于矛盾变化之中的朴素唯物辩证的哲学思想，以此告诫世人做人的道理。整部《玛牧特依》构思奇美，用生动的语言，巧妙地把比喻手法穿梭于诗句之中，把众多的彝族格言谚语总汇起来，语言优美，精辟凝练，教育效果好。

《彝汉天地》彝文原典籍系云南省武定县那氏土司署的藏书，20 世纪 40 年代由马学良、万斯年两位先生征集入北京图书馆（今国家图书馆）。全书论述人的成长过程和为人处世之道，是伦理道德训示经典。

《赛特阿育》是一部叙事长诗，是黔西北地区一个具有一定汉学造诣的名叫阁尼舒叔的毕摩，把《孝子传》、《搜神记》、《灵芝篇》中的董永故事与相同类型的彝族民间故事综合整理、编纂，用彝族喜闻乐见的“细沓把”和“摩久”的形式移植、创造出来的一种彝汉结合的叙事长诗，主要突出人生要孝敬父母老人，弘扬的是中华民族传统的“孝道”美德。

二、彝族教育在当代的发展

新中国成立后，党和政府大力发展民族教育，采取立法、给予特殊政策等多种方法，帮助彝族人民发展教育，提高科学文化水平。特

别是改革开放以来，民族区域自治法的颁布实施，九年制义务教育通过法律推动施行，对民族教育的发展起到了很大推动作用，彝族的平均受教育水平在不断提高，小学生、中学生和大学生人数有了明显的增加。凉山州还通过新的规范彝文，在彝族群众中进行彝文扫盲教育，取得了不小的成绩。以彝语文为教学方式的教育，有小学的双语教学，有西昌彝文学校等的中等教育，在中央民族大学、西南民族大学、云南民族大学和贵州民族大学等高等学校开展了彝文文献专业或者彝语文专业的教育，使彝族的教育在追赶全国国民教育的同时，也取得一些彝语文教育的成果。

1982～2010 年，彝族每百人中小学、中学、大学的比例和受教育水平都得到了提高，但是提高的幅度不够大。与 1982 年相比，具体情况是：小学从 23.35 人提高到 2000 年的 45.57 人，属于提高程度最高的，但是到 2010 年时，只提高到 48.10 人，速度有所降低；初中从 6.02 人提高到 2000 年的 14.48 人、2010 年的 20.02 人，相对属于提高程度较低的；高中从 1.25 人提高到 2000 年的 4.24 人、2010 年的 5.15 人，相对还处于很低的程度；大专以上从 0.08 人提高到 2000 年的 0.93 人，属于人数相对最低的，到 2010 年提高到 3.35 人，情况有所改善；有知识人口从 30.07 人提高到 2000 年的 65.22 人，总体上同样处于低水平，2010 年提高到 87.21 人，进步明显，但相对还是较低。人均受教育水平从 2.11 年提高到 2000 年的 4.70 年，提高的幅度也是相对较低的；2010 年提高到 6.66 年，比 2000 年提高了 1.96 年，还没有达到全国 2000 年的平均水平，差距明显。

第六节　迁徙背金粉　留居披蓑衣

各个民族人口的分布地域往往有特定的指向，这是因为在民族形成的历史过程中，与特定的地域有必然的联系。人们只有长期生活在一个地域之内，才能产生共同语言，进行共同的经济活动，形成共同的文化和共同的心理特征，这些共同地域就是民族地区。西南地区是全国少数民族最多的地区，集中了全国一半以上的少数民族，这里的滇、川、黔、桂、渝是彝族的世居地。

一、彝族在古代的迁徙

在古代，彝族的流动性很强。司马迁在《史记》中所记载的“随畜迁徙，无常处，无君长”的状况在彝族远古时期经历了相当长的时间。

据《彝族源流》、《阿买尼·磨弥谱》、《阿哲世系》等彝文文献的记载，彝族的历史从最早的哎哺时期到希米遮时期是 360 代，希米遮到笃慕有 31 代，即在笃慕（约春秋后期人）之前就有 391 代。这一个历史时期，彝族先民有过三次大的分支、迁徙：第一次是哎哺末期，第二次是在春秋时的“洪水泛滥”之前，第三次是笃慕时期的“六祖分支”。第二次大分支、迁徙时期形成的武僰部落非常强大，很长时期占据统治地位，在今四川宜宾、南溪、屏山、马边、庆符和云南滇池、昭通等地建立过古侯国即“僰侯国”和“诸此国”。“六祖分支”是彝族历史上最为著名的一次重大分支、迁徙活动，影响深远。据彝文史籍的记载，这次分支的地点是云南昭通，其中的武部慕雅考、乍部慕雅切二支往北迁徙到四川，建立了巴国与蜀国；糯部慕雅热、侯部慕雅卧二支往南迁徙到滇中、滇南，建立滇国；布部慕齐齐、默部慕克克二支往东迁徙到贵州，建立了夜郎国。“六祖分支”属于氏族内部的正常分支和迁徙，这种形式在彝族古代非常普遍，一般是一个氏族（家支）发展到九代或者十代的时候，进行“尼木”祭祖大典，然后分成不同的分支，重新建立自家的一个亚氏族，重新修叙一个新的家谱。

通过举行“尼木”祭祖大典以后，虽然名义上还是同一个远祖的子孙，但是分支以后就可以相互联姻，成为亲戚。彝文古籍就记载过“六祖分支”之后，由于缺少婚姻对象，各支通过举行“白马祭天，黑牛祭地”的仪式后，互相之间开亲，结成婚姻联盟，互相成为甥舅关系。

除了正常的分支、迁徙之外，战争引起的迁徙也是彝族古代迁徙的一个大的主因。古代彝族部落方国之间经常会引发一些战争，例如，南诏的祖先就是因为打了败仗，从今黔西北、滇东北一带迁徙到云南大理一带，重新创业兴盛起来而后立国。云南富宁、广西那坡一带的彝族，也是因为战争失败，从云南西部大理一带，经过滇池地区一直迁徙到了现在的居住地。

兄弟失和、内部矛盾也是引起迁移的一个原因。著名的事件，有《彝族源流》等古籍记载诺陇邓与诺克博失和而导致迁徙的故事。诺陇邓与诺克博是兄弟，克博因为丢失了祭祖所用的铜铃，被陇邓抓住把柄，逼迫他往东方迁徙而去，他们的母亲也没有办法阻止兄弟的分离。诺克博艰苦奋斗，开疆拓土，在东部地区重新创立了自己的基业。

接受派遣到远方任职，然后在任职地居住下来，也是彝族古代迁移的一个常见的现象。例如，今黔西北地区阿尼阿景家支的祖先唐朝时在南诏国任武将，被派遣到滇东北的沾益一带任职后，建立自己的政权居住下来，逐渐往乌撒地区发展。其后裔又作为乌撒的武将被派遣到乌撒部与水西部交界的总溪河沿线地区担任防务将官，又在这一带居住发展起来。

根据贵州彝族指路经探寻，除了一些世居彝族外，贵州彝族有不少是从云南迁徙而来。《彝族指路丛书·贵州卷（一）》中的七部指路经的路线图，都分别从毕节、大方、纳雍、威宁、赫章、水城等县市指往云南境内，远的到达云南巍山县境。《撮泰吉》所隐喻的彝人祖先从云南东川来威宁，这是生人的迁徙路线，而亡灵则由威宁去东川，这是亡灵的回归路线，方向相反，路线相同，说明该地彝人之根源是从云南来的。

二、彝族在当代的迁移与流动

1953 年，全国彝族 322.78 万人中有 322.73 万人在世居地，比例为 99.99%；1964 年，全国彝族 338.10 万人中有 337.92 万人在世居地，比例为 99.95%；1982 年，全国彝族 545.36 万人中有 544.87 万人在世居地，比例为 99.91%；1990 年，全国彝族 657.85 万人中有 656.23 万人在世居地，比例为 99.75%；2000 年，全国彝族 776.23 万人中有 768.61 万人在世居地，比例为 99.02%；2010 年，全国彝族 871.44 万人中有 853.57 万人在世居地（包括重庆市），比例为 97.95%。由此可见，彝族居住在世居地的比例是非常高的。

彝族在当代流动与迁移的原因，主要有以下几点：

参加革命。参加革命运动，包括参军、参加其他革命工作离开家乡，到外地去参加工作，这是新中国成立前和成立初期彝族人口流动的一个主要原因。这部分流动人口虽然所占比例很小，却影响最大，因为这些人是代表着党和政府在彝族中的形象，具有较为持久的影响力。例如，贵州彝族老红军杨伯瑶，凉山彝族老红军王海民等。

学习和就业。考取大中专，完成学业后，被分配到外地工作。这部分人同样数量不多，但是享受到了新社会的教育政策所带来的益处，代表着彝族青年人的努力方向，在彝族社会中也具有较高的榜样形象。

外出打工。这是自建立社会主义市场经济体制以来，彝族迁移人口最多的部分。从 2010 年的情况看，一些不是彝族世居地的省区，开始出现了居留半年以上的大量彝族人口。例如，浙江省有 49 623 人，最多；广东省有 36 264 人，次之；江苏省有 18 896 人，第三；福建省有 13 536 人，第四；广西壮族自治区有 9700 人；山东省有 8298 人；

上海市有 7113 人。就是地处西北地区的新疆维吾尔自治区也有 2954 人。这些出门打工的人，虽然背井离乡，生活辛苦，但是所获得的收入远远高过耕种土地，印证了彝族“迁徙背金粉，留居披蓑衣”的谚语。

婚姻关系迁移。新《婚姻法》的实施和改革开放的深入，彝族的婚姻观念也逐渐发生变化，与其他民族通婚、与外省市区的人通婚人数越来越多。例如，贵州省纳雍县河头村是一个没有其他民族杂居的纯彝族村寨，现在这里的姑娘有远嫁给上海、江苏、四川、湖南等省市的汉族青年的，而且一个姑娘嫁到某省的某市某乡，往往又有几个姑娘跟着嫁到那里去。同时，也有浙江等省的汉族姑娘嫁到这里来的。

第四章

五彩云霞缭绕多情彝山

第一节　牛皮档案

彝族有自己的语言和文字。据统计，包括各种假借字、通用字和异体字，彝文单字总数达 87 046 余字。

一、彝族语言文字

彝语属汉藏语系藏缅语族彝语支。彝语共分六大方言：东部方言、北部方言、南部方言、西部方言、东南部方言、中部方言。操东部方言和南部方言的彝族自称“纳苏”、“尼苏”等，人口有 200 多万人(2010 年)。主要分布在贵州省、云南省，其次分布在四川省和广西壮族自治区。东部方言分三个次方言：滇黔次方言、盘县次方言、滇东北次方言。其中滇黔次方言包括四个土语：水西土语、乌撒土语、芒部土语、乌蒙土语；滇东北次方言包括五个土语：禄武土语、武定土语、巧家土语、寻甸土语、昆安土语。操北部方言的彝族多数自称为“诺苏”，人口有 250 万多人。北部方言主要分布在四川省，其次分布在云南省。北部方言分两个次方言：北部次方言、南部次方言。其中

北部次方言包括三个土语：圣乍土语、义诺土语、田坝土语，南部次方言包括两个土语：会理土语、布拖土语。南部方言的彝族多自称为“聂苏”、“纳苏”，约 140 多万人。南部方言主要分布在云南南部。南部方言区分三个土语：石建土语、元墨土语、峨新土语。西部方言的彝族自称“腊鲁颇”、“米撒颇”，人口约 110 多万人。西部方言主要分布在云南西部。西部方言包括两个土语：西山土语、东山土语。东南部方言的彝族自称为“阿细”、“阿哲”、“阿乌”、“朴拉”、“撒尼”，约 100 万人。东南部方言主要分布在云南省东南部。包括四个土语：路南土语、弥勒土语、华宁土语、文西土语。中部方言的彝族自称为“罗罗”、“里泼”，约 80 万人口。中部方言主要分布在云南中部，包括两个土语：南华土语、大姚土语。

彝文是记录彝语的符号。关于彝文的起源，有许多有趣的传说。四川有一则传说，阿诗拉则想创造彝文来记录事物，可是冥思苦想都没想出好的办法。有一天，在一只圣鸟的引导下他来到森林里，圣鸟在树上不断地啼叫启示阿诗拉则，他就用树枝把圣鸟的启示书写下来，形成彝文。阿诗拉则的母亲来喊他去吃饭，惊飞了圣鸟，结果没有能够把彝文全部记录下来。云南的一则传说，讲汉字和彝文都是孔子创造的，孔子用左手创造彝文，所以彝文从左到右书写（竖行）；他用右手创造汉字，所以汉字是从右到左书写（竖行）。贵州的传说则是呗博举奢哲栽了一棵树，当树上开满了鲜花的时候，他请来了一帮知识丰富的毕摩，大家比照着树上的鲜花描绘，创作出了彝文。其他还有吉禄造字说等。而《西南彝志》中记载创造彝文的人叫伊阿伍，还有一个叫冉冉一义。

彝文是一种表意的音节文字，汉文史志称之为“爨文”、“爨书”、“倮倮文”、“韪书”、“韪文”、“夷文”、“毕摩文”等，彝族自称为“诺苏补玛”、“乃苏署纳”、“聂苏索”、“尼斯”、“阿哲苏”、“纳苏数”等。

彝文在发展的过程中，出现了明显的分化。云南、贵州的彝文保留了古彝文表意文字的特点，仍然有象形、指事、会意、形声、假借等造字规律和用字方法，假借字特别多，同音通用的情况也很多。四川彝文则向表音字发展，经过 20 世纪 80 年代的规范之后，已经变成了表音文字。千百年来，彝族人民用彝文记录历史，编纂典籍，创作文艺作品，形成了数量众多的彝文古籍。这些古籍内容丰富，装帧形式独特。有的彝文古籍的封面用小牛皮、绵羊皮、麻布、牛皮纸等作装帧，幅面大的高 50 厘米，宽 30 厘米，如著名的《西南彝志》、《玄通大书》等。特别珍贵的彝文古籍，撰写或者抄写的人，收藏时都会用牛皮、羊皮作为封面，这类古籍，被誉为“牛皮档案”或者“羊皮档案”，常见的有《署舍》、《署莫》、《扎署》等。

二、彝文文献

千百年来，彝族用彝文写下了数以万计的古籍文献。彝文献古籍，彝语称“扎魔特依”、“司波”、“署排”等。

1. 彝文文献的编纂、写作。

从编纂、写作者的角度来分类，彝文古籍可以分为毕摩文献、摩史文献和其他文献三大类。其中毕摩文献是最多的一类。

毕摩文献。毕摩是彝文古籍的主要创作者、收藏者和使用者。毕摩古籍主要是经书，也有其他书籍。

毕摩文献也是最先引起外界注意的彝文文献。1936 年，著名地质学家丁文江先生与彝族翻译家罗文笔先生合作出版《爨文丛刻》，被日本学者称为“彝学走向世界的标志”。而《爨文丛刻》中的绝大部分作品就是毕摩文献。

摩史文献。摩史文献中，著名的有《西南彝志》、《摩史苏》、《诺沤》等。

《西南彝志》原名《哎哺啥厄》，是清朝贵州省黔西州彝族热卧土目家的摩史益果那埃拔辑录、整理历代彝文史籍而成书。全书37万多字，26卷，分480多个标题，记叙从天地形成，到清朝初年的整个彝族历史，涉及许多彝族古代重大事件、重要人物、典章文物、风俗文化等，被称为“彝族的百科全书”，是截至目前发现的字数最多、内容最为丰富的彝文古籍。

《摩史苏》是彝族举行丧祭仪式时摩史用书。摩史为君长政权制度中的官员，位居大臣之列，集史官、外交官、礼仪官等多种身份于一身。此书为众多木刻本中仅存的一本，书中有26个标题，有18个标题的内容涉及丧祭活动，并多以丧祭活动仪式的名称作为标题名称。它记录了摩史在一场丧祭场合的主要活动过程。

其他文献。以金铭石刻文献居多。这些文献中的一部分是毕摩和摩史所作，但绝大多数是彝族历史名人或其他作家所作。例如，著名的在贵州省大方县的《水西大渡河建桥碑》，分为彝文碑一通和汉文碑一通。彝文碑上的彝文共有1972个字，是目前发现的字数最多的一块碑刻。其碑文是水西著名君长、贵州宣慰使安国亨所撰。又如在贵州省七星关区的《李雨铺四棱碑》，字数仅次于《水西大渡河建桥碑》，也是一块著名的碑刻。其他如西汉时期的彝文铜器《祖祠手碓》，蜀汉时期的《妥阿哲纪功碑》，宋代的《拦龙桥碑记》，明代的《成化钟铭》、《罗婺盛世史摩崖》、《新修千岁衢碑记》，清代的《蚂蚁河桥碑》、《扯凯箐摩崖》、《桃源峡摩崖》等，都非常有名。

2. 彝文文献的内容。

彝文文献的内容非常丰富，可以分为历史、政治、经济、军事、宗教、谱牒、哲学、伦理、民俗、文学、艺术、医学、教育、地理等。

历史类文献有《西南彝志》、《彝族源流》、《彝族创世志·谱牒志》、《滇彝古史》、《古侯曲涅谱》、《凤氏谱系》、《尼祖谱系》、《毕摩谱系》、《蒙化左氏家谱》等。

彝文古籍

政治类有《古史通鉴》、《治国安邦经》等。

哲学类古籍有《吐鲁立咪》、《吐鲁窦纪》等。

宗教类彝文古籍是彝文古籍中数量和内容最多的种类。主要有《献酒经》、《指路经》、《献牲经》、《作祭经》、《祈福禄经》、《吾查们查》、《查诗拉书》、《尼木布司》、《诅咒仇人经》、《退咒经》、《解咒经》、《招魂经》、《祭祖经》、《驱除病魔经》、《送鬼经》等。

文学艺术类古籍也是彝文古籍中数量众多、类别丰富的一种，主要有《阿诗玛》、《尼苏夺节》、《查姆》、《普曲荷歌传》、《牧羊人史郎若》、《则谷阿列与依妮》、《赛玻嫫》、《贾斯则与朱武斯》、《妈妈的女儿》、《孜孜尼扎》、《红白杜鹃花》、《达恩妹与鲁汝朵》、《阿买恳》、《曲谷》、《走谷》等。

教育伦理类古籍主要有《赛特阿育》、《凤凰记》、《劝善经》、《玛牧特依》、《色尾处莫》、《那朵合司》等。

医药类古籍主要有《医算书》、《双柏彝医书》、《寻药经》、《元阳

彝医书》、《选药治病书》、《聂苏诺期》、《齐书苏》等。

3. 彝文文献的搜集整理翻译。

对于彝文古籍的搜集、整理、翻译，新中国成立前马学良先生、杨成志先生、丁文江先生等都在西南地区从事过此项工作，他们收集的彝文古籍，多数收藏在现在的国家图书馆、清华大学图书馆。

新中国成立后，党的民族政策的光辉照耀西南彝山，贵州省毕节地区于1955年成立了彝文翻译组，专门从事彝文古籍的收集、整理、翻译工作。改革开放后，国家发出了抢救古籍要“救书、救人、救学科”的号召，彝文古籍工作迎来了又一个春天。云南、贵州都成立了民族古籍办公室，领导民族古籍搜集整理工作。滇、川、黔的一些地、州、市和县市区成立了少数民族古籍办公室，从事少数民族古籍包括彝文古籍的搜集、整理、翻译工作。贵州省的毕节地区彝文翻译组在“文化大革命”中撤销后又得以恢复工作。仅毕节市的彝文古籍，被国家机构收藏和民间散藏的至少有8000余册。全国的彝文古籍，据不完全统计，至少在10 000册以上。其中比较大型的翻译出版活动，除了前述《爨文丛刻》之外，云南省民族古籍办公室组织翻译出版的民族古籍译丛中出版了《祭龙经》、《万物的起源》、《滇南彝族指路经》等大

经籍的传承

量彝文古籍。毕节市彝文文献翻译研究中心翻译出版了《西南彝志》、《彝族源流》、《彝族咪谷丛书》、《彝文金石图录》等。楚雄州翻译出版了《彝族毕摩经全译》（100卷）。凉山彝族自治州的中国美姑毕摩文化研究中心，石林彝族自治县也收集翻译了大量的彝文古籍。

第二节　梅葛与撮泰吉

彝族文艺是彝族人民思想情感的传达，是彝族人民的智慧、生活体验和传统文化的结晶。彝族文学内容丰富多彩，表现形式多种多样。从直观的形式上分，可以分为口头文学和书面文学两大类。书面文学又可以分为彝文文学与汉文文学。传统的彝族文学，口头文学占了绝大部分，而书面文学则以毕摩的经籍文学为主。

一、文学

（一）口头文学

彝族口头文学作品数量众多，有韵文体和散文体两个大类。其中韵文体作品又多于散文体作品。韵文体作品有短篇作品和长篇作品两个类别。短篇韵文体作品主要是歌谣、部分谚语；长篇作品则以史诗、叙事诗和抒情长诗为多。

韵文文体以传统的民间文学为主体，有歌谣、史诗、叙事诗、抒情诗等。彝族歌谣很多，有劳动歌、仪式歌、情歌等，其中还有不少是反映混沌初开时期人类的生存状况的，例如，《阿欧米麻邓》、《洪水齐天》等。

彝族史诗非常丰富，其中五部被称为彝族的五大创世史诗，即《梅葛》、《查姆》、《阿细的先基》、《勒俄特依》、《天地祖先歌》。

《梅葛》是流传于楚雄彝族自治州姚安、大姚等县及其周边邻近彝

区的彝族长篇古典史诗，是一部文采斑斓的古代彝族社会生活百科全书。“梅葛”是彝语的音译，“梅”意为经典，“葛”意为说、唱，梅葛即诵经。它本是一种曲调的名称，因史诗用“梅葛调”演唱而得名。全诗长5700多行，共分四大部分：一是创世，包括开天辟地和人类起源；二是造物，包括修建房屋、狩猎、畜牧、农事、造工具、生产盐和蚕丝；三是婚事和恋歌，包括相配、说亲、请客、抢棚、撒种、芦笙、安家；四是丧葬，包括死亡、怀亲。史诗反映了彝族先民对自然、宇宙的认识，以及他们的生产生活方式和婚丧习俗等社会生活。《梅葛》无彝文记载，但被人们视为彝家的“根谱”，每逢年节，人们都要聚在一起吟唱，以口耳相传的方式世代传承，历久不衰。

《查姆》是一部反映古代社会的古典史诗，是一部古朴凝重的彝族古代社会演进、发展的历史画卷。主要流传于楚雄州双柏县，红河州石屏、建水、元阳等县和玉溪市新平彝族傣族自治县、峨山彝族自治县等地彝族民间。“查姆”是彝语音译，意为万物的起源，彝族人民把叙述天地间一件事物的起源叫一个“查”，据说《查姆》共有120多个“查”。而现今搜集到的只有11个“查”，共3500余行，分上下两部。上部讲述天地、日月和人类起源；下部讲述农作物、棉麻绸缎、金银铜铁、医药和纸笔书等生活物品和文化用品的来源。《查姆》关于天体演化和早期人类演化的神话以及对彝族远古社会、经济、风俗等的记载，不但反映了彝族先民朴素的唯物观念和辩证思想，而且还具有重要的史料价值。

《阿细的先基》是流传在红河州弥勒县西山一带彝族支系阿细人中的一部创世史诗，因使用“先基调”演唱而得名。有的译作“阿细颇先基”。“先基”是阿细彝语音译，是歌或歌曲的意思。“先基调”很多，常用的有12种调子。表现形式上，多使用五言句式，采用提问与对答相互配合的对唱方式，以“先基调”吟唱风格展开，韵律优美，抑扬顿挫。全诗约5500行，包括引子；开天辟地；造太阳、月亮、星星；造山、赶山；造人；洪水漫天；房屋的来历；劳动的起源；婚嫁、年节、跳月的起源；一担清水定终生；尾声和后记12个部分。这部气势磅礴的古典史诗，生动、形象地反映了阿细人民从古老的原始社会到阶级社会这一漫长历史阶段的社会生活，内容朴素，形式优美，具有很高的审美价值和历史价值。

《勒俄特依》是流传在凉山彝区的彝族创世史诗，“勒俄特依”系彝语音译，“勒俄”即古事、历史，“特依”意为经书或书，全名意为“历史传说书”。《勒俄特依》基本上以五言诗句为主构成，异文很多，长短不一。除了口头传播外，还有不同的彝文手抄本。汉译本的《勒俄特依》全诗共2270余行，由天地演变史、开天辟地、阿俄署布、雪子十二支、呼日唤月、支格阿龙、射日射月、喊独日独月出、石尔俄特、洪水漫天地、兹的住地、合侯赛变、古侯主系和曲涅主系14章组成。这是一部由创造英雄神向塑造英雄人发展的过渡型古典史诗，史诗叙述了天地万物的发生、发展和演变过程以及彝族先民迁徙的历史，在创造诸多英雄神的同时，也塑造了英雄支格阿龙的艺术形象，在古典史诗中首次完成了塑造英雄艺术典型的任务。该史诗反映出彝族先民早期的朴素唯物主义自然观与宇宙观，对彝族社会的研究有着重要的史料价值。

《天地祖先歌》是一部流传在贵州彝区的创世史诗，它分为天的形成、风的产生、雾的产生、万物生长、野人根源、种粮、季节、女权、医药、农耕、权制、笃慕支系、君制、冶炼、结亲、管天地、君臣分工、连天、大山和平地、传知识、收妖、人的生死、战争和庆功、祭祀、祭祀后27章。与彝族其他的史诗相比较，《天地祖先歌》中的自然科学、美学和哲学意味更浓厚。它在用优美的彝族诗歌形式唱述天地万物的本源和变化、人类的起源和发展，先民的生产和生活中，体

现出了更高的自然科学、美学和哲学价值。

彝族叙事长诗，著名的有《阿诗玛》、《赛玻嫫》、《南诏国的宫灯》、《太阳金姑娘和月亮银儿子》、《米谷姐娄啥》、《娄赤旨雎》、《娄克布汝与丕娄嫩妮》、《红白杜鹃花》、《一双彩虹》、《放鹅娄纪》、《力芝与索布》、《则谷阿列与依妮》等。

《阿诗玛》是流传在石林彝族自治县圭山一带彝族支系撒尼人民间的长篇叙事诗，被撒尼人称为“我们民族的歌”。全诗 1600 余行，由应该怎样唱呀、在阿着底地方、天空闪出一朵花、成长、说媒、抢亲、盼望、哥哥阿黑回来了、马铃响来玉鸟叫、比赛、打虎、射箭、回声 13 部分组成。《阿诗玛》是一首反抗压迫，歌颂劳动、自由和智慧的叙事长诗。长诗以诗的语言，动人的故事情节，赞美和塑造了一位美丽、勤劳、勇敢、富有反抗精神的撒尼姑娘的艺术形象。阿诗玛虽然牺牲了，但她的灵魂不灭，精神不灭，她那光彩照人的形象幻化成回声，永久回响在彝族山乡，永存在彝族人民的心中。

彝族的抒情长诗有《妈妈的女儿》、《我的幺表妹》、《阿惹妞》、《逃到甜蜜的地方》、《逃婚的姑娘》、《姑娘诉苦情》、《五兵歌》等。

《阿惹妞》和《我的幺表妹》是同一首抒情长诗的两种版本，广泛流传于金沙江南北两岸的彝族民间。长诗以表哥对表妹的痛苦思念作为抒情主线，使用反复比拟的艺术手法，以“表哥”的口吻，用“阿惹妞”调式抒唱，表达了一对相爱甚深的表兄妹，因受父母包办和买卖婚姻的阻挠，被拆散以后的相思之情和相念之苦。长诗以哀怨凄苦的语调深刻揭露和痛斥了奴隶制社会买卖婚姻制度下彝族青年男女的爱情悲剧。

《妈妈的女儿》和《哭嫁歌》形如姐妹篇，是广泛流传于彝族民间妇女群体中的两首悲怨的抒情长诗，是奴隶制父权社会体制下彝族妇女的一首古老哀歌。《妈妈的女儿》大都在临嫁前的女性中传唱，《哭嫁歌》则是伴随着婚礼仪式哭唱的一种婚俗歌。两首抒情长诗的内容基本一致，均以哀怨愤恨的语调、催人泪下的情感，抒发和诉说待嫁女儿对家乡和亲友的眷念之情、对自身不幸婚姻的无奈等。

散文文体的作品，以民间故事和民间传说的形式流传。代表性的作品有《蛤蟆娶妻》、《哪哩故事》、《达思美复仇记》、《鲁汝朵娶妻记》、《恒苏博朵与麦硕米须》等。地方风物传说和人物传说在传说中占据了大量篇幅，如《跳脚起源》、《锁住神马保草海》、《马樱杜鹃的传说》、《火把节传说》、《奢香夫人的传说》等。

（二）书面文学

彝族作家文学、彝文文学作品中毕摩经籍的数量占据了绝大部分。这些作品起源很早，在彝族出现宗教信仰的远古时期就已经出现，一直流传到当代。这些经籍中彝文古籍一节中列举的，除了《署舍》、《署莫》等少数作品以外，如《献酒经》、《指路经》、《以陡数》等都是五言诗歌体裁。而最为著名的彝文作品，从魏晋南北朝时期的举奢哲的《彝族诗文论》、阿买妮的《彝语诗律论》，一直到清代时期漏侯布哲的《论彝族诗歌》等，形成了一个以彝语五言诗句的格式写作彝族文艺理论的传统，也形成了彝文文学创作的一个显著特色。

汉文文学中，最早可追溯到唐朝南诏国王骠信所作《星回节》诗，此诗收入在《全唐诗》中。其次为唐朝时期南诏国另一国王异牟寻所作散文《遗韦皋书》、《誓文》。明清之际，云南出现了左氏文学家族，另有高乃裕、高守藩、高奣映、高厚德、那文凤、禄洪等诗人、作家，还有著名的文艺理论家李去程，著有《古文笔法》。清代到近代，贵州的余氏文学家族涌现出来，余家驹著有《时园诗草》、余珍著有《四余诗草》、余昭著有《大山诗草》、余达父著有《罄雅堂诗集》等，他们都有好作品传世，有的成为近代著名文学家。另外，黄思永著有《慎轩诗文集》、鲁大宗著有《听涛轩诗钞》、安履贞著有《园灵阁遗草》等，

还有安履泰等都是近代知名作家。

进入当代，李乔是当代彝族文学的奠基人，他著有长篇小说《欢笑的金沙江》三部曲、《破晓的山野》等作品。李纳、普梅夫等在当代文学中都有贡献。其后，著名的彝族小说、散文作家有龙志毅、苏晓星、张昆华、普飞、熊正国、戈隆阿弘、杨永寿、安文新等，诗人有吴琪拉达、韦革新、阿鲁斯基等。新时期的诗人，著名的有吉狄马加、倮伍拉且、马德清、禄琴等，小说作家有杨佳富、纳张元、冯良、米节若张、罗勇等。特别是母语文学创作的兴起，阿蕾、阿库乌雾、贾瓦盘加、时长日黑、马海海马呷惹等，都有彝文作品。

二、音乐舞蹈

彝族人民自古以来能歌善舞，有自己独特的表情达意的特殊方式，有对事物特别的体验和审美意识。彝族的音乐除了唱歌之外，一般都要通过一定的乐器来表现，舞蹈则主要通过一定的伴奏方式向他人传达各种不同的肢体语言，传达特殊的感情意义。在长期的传统仪式的反复表演之中，形成了独具彝族特色的音乐、舞蹈艺术。

（一）音乐

千里彝山，一年四季歌舞不断。从春节开始，几乎每个节日都有歌舞相伴。就是平常生活和劳动之中，也有彝族歌舞。彝族歌谣中说："彝家生来会唱歌，一唱就是几大箩，唱得月亮从东来，唱得太阳落西坡。百灵听见忘了叫，牛羊听见忘吃草。你若爱听彝家歌，请到彝家来做客。"

彝族民歌内容广泛，调子多种多样。有生活歌、劳动歌、情歌、苦歌、酒歌、仪式歌、叙事歌等。生活歌是个广泛的概念。分不同的场合，与仪式歌、酒歌等分不开。生儿育女、起房造屋、婚丧嫁娶，都有不同的生活歌。劳动歌则在劳动场合唱，通常也是歌唱劳动生活。

叙事歌一般都是讲述一个完整的故事，有的比较长，在比较正式、庄重的场合，由老年人或者知识广博的人唱。人们经常听到的则是情歌、山歌等。由于调子的不同，有的歌低沉、严肃；有的歌婉转、悠扬；有的歌哀怨、缠绵；有的歌雄壮、高亢；有的歌喜庆、欢乐；分别表达不同的情感，喜怒哀乐，各有附载。活泼欢快的《阿西里西》、悠扬婉转的《西厢坝子一窝雀》、高亢醉人的《小河淌水》、淡淡忧伤的《索玛花儿开》，艺术而又霸气的《阿老表，端酒喝》等，都是著名的彝族民歌。

彝族乐曲往往与乐器分不开。彝族乐器中的弦乐器有月琴、三弦、四胡等，管乐器有阿乌、唢呐、芦笙、马布、闷笛、竖笛等，簧片乐器有口弦等。其中以月琴、三弦、口弦、马布、阿乌、烟盒最有民族特色。

彝族月琴

月琴。月琴是彝族最为喜爱的乐器。在凉山一带，经常有人琴不离身。月琴琴弦过去一般是马尾弦或者丝弦，现在多数已经改用钢丝弦。早先用食指弹拨，现在多用羊角质或者塑料拨子弹拨，以加大音量。传统月琴音色都是自然声音，音量也不大，现代已经制作出了电子月琴，可以附带音箱，音量放大了若干倍。乐曲有传统的叙事、抒情调子，也有即兴演奏的曲目，根据演奏

场合和乐手的才能而定。月琴是个人独享或小型集会常用的乐器。著名的月琴手，有代俄勾兔汝等，他弹奏的月琴曲，曾经被收集起来编纂成书，作为贵州艺术学校的教学用书。

三弦。三弦分为大三弦和小三弦两种，是云南彝族阿细支系、撒尼支系最为古老的乐器。它与音乐界通用的普通扁腔三弦除了都是有三根琴弦外，其他部分颇为不同。彝族三弦的琴筒由圆形原木挖空而成，在其中一面蒙上羊皮，拴上丝线和牛筋。传统形式的小三弦，琴筒直径为 8～18 厘米，琴杆长约 50 厘米，既可用于伴舞，又可用于伴唱。20 世纪中叶，因为嫌小三弦音量较小，无法适应大规模的集体歌舞，人们对其进行了改制，放大琴筒至 30～50 厘米，加长琴杆至 100～170厘米，以牛筋为弦，拴弦板嵌有铁环片。大三弦音域宽广，音量沉雄，弹奏时伴有嘈嘈切切的声响，特别刺激人们的神经，引人进入兴奋的歌舞状态。

多情的口弦

口弦。口弦有竹制口弦和铜制口弦两种。竹质的一般长约 10 厘米，形如短剑；铜质的则如小竹叶，只有 6 厘米长。都是几个簧片装在一起，通过呼气吹动簧片的同时用手指拨动簧片，通过各种音色的变化，来达到奏出不同的音阶，音量如轻言细语，内容多甜言蜜语，其中的爱恨欢乐，只有谈情说爱的人能够心领神会，是青年男女约会谈情和自娱自乐的乐器，深受彝族男女老少特别是年轻人的喜爱。口弦的私密性比较强，往往是知音之间的乐器。

马布。这是彝族独有的乐器，由一根形如竖笛却比竖笛矮小的竹管制成，长约18厘米，直径0.6厘米，开有6个音孔，一端插入约5厘米长的类似单簧管的哨子嘴，另一端装上一个小牛角喇叭。可以将两根管子并在一起形成双管马布，增加吹奏的音量和热烈的气氛，可以通过调节哨嘴和气流来提高音量或者变换音色，甚至模仿人欢马叫的声音，深受彝人的喜爱。

阿乌。这是流行于云南昆明滇池畔彝族子君支系的一种传统乐器，用黏土塘泥在人的膝盖上揉制而成，像古代的“埙”而形制古朴，呈菱形，在中间开三个品字形孔，一为吹气孔，二为手按孔，可以吹出三个音，技艺稍高者可以吹奏出多个音。古代子君人可以用阿乌来进行简单的子君语对话。

烟盒。烟盒作为乐器，是从生活用具发展而来。作为乐器的烟盒，比实际所用的烟盒有许多改进，质量更加轻便，响声更为清脆，是专门作为《烟盒舞》伴奏乐器而用。乐器烟盒只有半扇，一面开口，直径5厘米左右，用手指弹击发声，轻便好用，易于在指掌之间运行。

木叶。这是夏天到秋天整个彝山随处可得的天然乐器，其音色明亮而温柔，适合在山野里抒发感情，谈情说爱，是彝族人喜爱的一种自然天赐的乐器。

（二）舞蹈

“不唱山歌喉咙痒，不跳左脚脚杆痒。”彝族是一个能歌善舞的民族，有着丰富的民间歌舞和音乐艺术，无论是劳作间隙，还是逢年过节、婚丧嫁娶，都要以歌舞抒发情感。具有一定影响力的民间歌舞主要有烟盒舞、阿细跳月、踏歌、罗作舞、花鼓舞、铜鼓舞、克合呗、

乌蒙彝舞等。

烟盒舞。烟盒舞又称“跳弦”、“跳罗”、“跳三步弦”，因其使用由竹皮或树皮制作的烟盒伴舞而得名。主要流传于红河州石屏、建水、蒙自、开远及玉溪市新平彝族傣族自治县等地的南部方言彝区，石屏、新平扬武镇的烟盒舞享有盛名。跳舞时，舞者手持烟盒，用手指弹响烟盒底，以响声控制舞蹈的动作节奏。烟盒舞动作手足并举，柔韧舒展，灵活多变，富有弹性。舞蹈动作分正弦和杂弦两大类，正弦只舞不唱，杂弦边唱边跳，一般先跳正弦，后跳杂弦。可三五人配合对跳，也可数十人一起上演集体舞。舞蹈过程中，常以四弦（月琴）、笛子、二胡等乐器参与伴奏。

阿细跳月。阿细跳月又名“跳乐”、“大三弦舞”，因舞蹈的创作和使用主体为彝族阿细人支系而得名。阿细跳月是一种民间集体舞，主要流传在昆明市石林彝族自治县、红河州弥勒县，以及邻近操持东南部方言的彝区。阿细语称为“嘎斯比”，意为快乐地跳；撒尼语称之为“三弦比”，跳三弦之意。跳舞时，男女一般分组成排，相对而立，男的弹奏大三弦，女的拍掌起舞，人数不限，可多可少，但一般要求应为双数，男女配对。其基本舞步为跳步和三步乐，有青年舞、老人舞、娃娃舞3种。青年舞节奏明快，动作奔放粗犷，跳跃旋转有力，充满青春活力和强烈的艺术气息。大三弦、小三弦和笛子是阿细跳月不可或缺的伴奏乐器，同时，二胡、口哨、树叶等亦可参与伴奏。

踏歌。踏歌是彝族舞蹈中形式最多、流传范围最广的一种集体性民间舞蹈。主要流传于楚雄、大理、丽江、保山、临沧、思茅、玉溪、红河等州市的彝族聚居区，各具特色。滇西北小凉山彝族称之为“达踢舞”；滇西彝族称之为“打歌”、“跳歌”等；滇中彝族称其为“左脚舞”、“跌脚舞”、“跺左脚”等。舞蹈浑厚古朴、粗犷豪迈，参与人数多，以舞者围成圆圈，围绕篝火舞动为其主要特征。舞步有踏地、跺脚、弹跳、抬腿、甩腿等步伐。其中，大理巍山、弥渡一带的彝族打歌，舞步轻快潇洒，节奏灵活多变。而楚雄境内的跌脚则比较粗犷，舞步遒劲有力。四弦、芦笙、笛子、月琴、羊皮褂等，是各地彝族踏歌时常见的器乐和道具。

罗作舞。罗作舞，彝语称“罗作比”，是一种有唱词、有伴奏的集体舞蹈，主要流传于红河、元阳、金平、绿春等县操南部方言的彝族民间。罗作舞一般以抒情的歌唱开始，舞步优美欢快，有踩养调、撵调、三步弦、斗脚、经弦、边边弦、擦背、翻身、游调等舞蹈动作，以四弦、三弦、巴乌、二胡、笛子等乐器伴奏，节奏感较强，为当地彝族青年男女所喜欢。

《克合呗》。《克合呗》是黔西北彝族地区的祭祀性舞蹈，外界称为“铃铛舞”、“搓子舞”、“跳脚”等，而比较通用的是《铃铛舞》。在黔西北彝区，如果老人去世后要做三天的斋祭，那么第二天主要内容之一就是《克合呗》。如果没有正规设立斋场进行斋祭，那么在正式吊唁的这天晚上即举行克合呗活动。“克合”，意思是告别的吟唱，“呗”即跳舞。一般情况下，凡是彝族老人逝世，都要有《克合呗》这一程序。过去《克合呗》在专门设置的斋场进行，也有在丧家的堂屋中进行的。

《克合呗》的人数一般为 4 人，随着时代的发展演变成多人参加，后来又搬上舞台。以前不准许女子参加，现在也有女子参加了。参加《克合呗》的人，可以是丧家一方的人员，而大多数则是各家来吊唁的亲戚带来的专门人员或能歌善舞的人员，因此举行《克合呗》有时候往往具有比赛的性质。因为《克合呗》中有许多高难度的舞蹈、杂技技巧。

《克合呗》的主要道具是马铃即铃铛和彩帕。舞者右手握住系铃铛的带子，左手食指和无名指将彩帕夹在中指后面，以便左右配合舞蹈。铃铛的作用主要是作协调动作兼伴奏之用。彩帕则是增加舞蹈的优美

程度，缓冲舞蹈的刚劲强健力度。

贵州省赫章县韭菜坪的《克合呗》

《克合呗》的历史文化内涵非常深厚，舞蹈动作技巧相当艰难，表达的彝族文化内容十分丰富，艺术价值和研究价值都非常高。在传统《克合呗》基础上发展起来的《乌蒙铃》作为民族体育表演节目，曾经获得过数项国家级和省部级大奖。以之为基础编排的大型彝族舞蹈《铃铛舞》曾经获得中国民间文艺“荷花奖”。《铃铛舞》已经于2008年被列入第二批中国非物质文化遗产名录。

乌蒙彝舞。根据贵州彝族歌舞整理编排的《乌蒙欢歌——乌蒙彝舞》。一共有7个彝族舞蹈，分别是：（1）阿西里西——大家都来跳；（2）木书署——撒麻舞；（3）洛博朵——月亮出来了；（4）阿喽喽——啊，多高兴；（5）喽素迷——彝家向往的地方；（6）超戛朵——祝福歌；（7）鲁阁斗——跳龙门。

《阿西里西——中国乌蒙彝舞》。这是在进入21世纪后，鉴于《乌蒙欢歌》中的一部分舞蹈动作过于专业化，在群众文化活动中推广遇到了一些困难，加上形势发展和旅游开发的需要，在《乌蒙欢歌——

乌蒙彝舞》的基础上，保留少数彝族传统舞蹈的元素，重新编排的一套彝族群众性集体舞蹈。

《达体舞》。这是在凉山彝族民间舞蹈的基础上加工、提炼出来，具有非常广泛的群众基础。达体舞的伴奏音乐优美、舒缓，舞蹈动作柔美缠绵，叙事特征和抒情味道都极为浓烈，深受彝族人民的喜爱。

三、戏剧

撮泰吉。在彝族戏剧作品中，著名的古戏《撮泰吉》，曾经被中外专家誉为“人之初，戏之始，舞之源”。它包含着仪式、傩戏、舞蹈、戏剧等多重形式和多种内容，难以用一种文艺形式囊括。“撮泰吉”本是彝语，表现的是“人类演变的戏”；“人类刚刚变成的时代”或“人类变化的戏”的含义。《撮泰吉》中的一些祭祀词、台词，是研究彝族迁徙历史的重要资料。

“撮泰吉”在每年农历正月初三到正月十五举行，全戏剧分为四个部分：

第一部分：祭祀。演出者身上四肢都缠着布以象征裸体，戴面具作猿猴步态，由阿布摩领着跟在狮子和牛之后出场。“撮泰”老人们手拄棍棒，发猿猴似的叫声，绕场一周后，开始向天地、祖先、山神、谷神及四方神灵斟酒祭拜，方向一致向西——这是祖先们迁徙来的方向。

第二部分：耕作。这是“撮泰吉”主体内容之主要部分。祭祀完毕后，演出撮泰者手拄木棍，脚手弯曲，拙笨地行走，用吸气发声如猿鸣，齐声呼出惹戛阿布，用彝语念诵对白，描述和表演如何送种子、买牛、驯牛、整地、播种、收割、脱粒、储藏等过程。

第三部分：喜庆。丰收庆贺，演狮子舞。

第四部分：扫寨，包括扫火星。由惹戛阿布率领众撮泰到村寨中

的各家各户去扫除灾病瘟疫，在每家扫一间房就要一个鸡蛋，扯下房四角的一束茅草。四个撮泰阿布到各家都要把木棍插在土坑上摇来摇去，祝福祈祷一番。

《撮泰吉》的内涵丰富深厚，戏剧大师曹禺看了《撮泰吉》的录像之后曾经说：中国戏剧史应该重写，其源头就是《撮泰吉》。

彝剧。云南省的彝剧是具有鲜明彝族特色的戏剧。杨森是彝剧的创始人。有名的彝剧作品中有《咪依鲁》、《阿佐分家》、《大王操兵》等。

当代彝族作家的影视、戏剧作品有陈乐光的电视剧《龙腾乌蒙》、《奢香演义》，苏晓星的话剧《大明皇帝与彝家女杰》，马德清的电视剧本《支格阿尔》，王昌富的电影作品《支格阿龙》等。

第三节　三色漆器与豆腐马鞍

彝族的绘画和工艺，源自于自己独特的传统文化背景，有着深厚的历史内涵和别具一格的创作风格。特别是彝族民间工艺和毕摩绘画，民族特色明显，个性突出，有浓郁的民族特征。

一、色彩鲜明的彝族传统绘画

彝族传统绘画主要由毕摩绘画和民间艺人的绘画即农民画两大部分构成。在新时期，彝族美术家的绘画成为一道亮丽的风景。

（一）画骨写意的毕摩绘画

彝族毕摩绘画是以毕摩为创作主体创作出来的美术作品，它是彝族传统绘画的主流，反映了彝族传统绘画的最高水平。毕摩绘画由两大部分构成：一部分是在丧祭场合所作、所用的“那史”绘画；一部分是在彝文古籍中的插图。

记述历史和典故的那史。彝族的许多历史掌故、传说故事等，在举行丧祭等重大而庄严的场合，对亡灵进行安慰的同时，还要对参加者特别是青少年进行必要的传授、教育。那史（也称为“伦布”）意为“绘画”、“图形”，是彝族毕摩用绘画的形式解说历史与典故，挂在祭祀场所四周的墙壁上，用生动形象的方式来达到传授历史、教育后人的目的。这些绘画特别是解说典故的绘画收集装订成册，就是彝族独特的画册《那史纪透》——一种图文并茂的历史图画录。那史绘画所采用的方法，不是精雕细刻和工笔描绘，也不是色彩细腻的油画着色，而是以粗放的线条，加上鲜艳的色彩填充，形成对比强烈的表情达意功效。

以图画解说内容的古籍插图。彝文古籍有毕摩编纂的，也有摩史（古代彝族政权中从事外交、礼仪活动的主官）编纂的，因此古籍插图中，有毕摩和摩史创作的绘画。可以分为：一类是以《宇宙人文论》为代表的天文、历法类插图，这类插图以描写符号组合和示意图为主，将书籍的内容图像化、符号化，对抽象的事物进行形象的描绘，如用特定的符号将天数、地数、日月、五行、八卦、宇宙、清浊二气的运行和日月星辰的运行标识出来，便于读者加深认识。一类是以《尼哈数》、《扎数》为代表的预测、占算类插图，这类插图对一年四季、年月日时、节气变化和历法内容等进行图像化的解说，增强感性认识和直观的理解。还有一类是以《摩史署》、《努沤》为代表的生活图解类和典故类插图，这类插图对人生命运、衣食住行、婚丧嫁娶、吉凶祸福、寿命爵禄等进行描摹和图示，融写实、写意、象形、夸张为一体，形象多样，千姿百态，极具彝族特色。

（二）饱含情趣的民间绘画

彝族传统绘画的另一条主流，是民间绘画，这种绘画到了当代以农民画的形式被外界所关注，得到了美术界的高度认可。其中，贵州

省大方县的农民画和水城县的农民画最为有名，与上海市金山县农民画和陕西省户县农民画齐名。

大方彝族农民画。大方县是彝族古代方国政权慕俄格的统治中心。大方农民画就是在彝族传统绘画、挑花、刺绣、漆艺、蜡染等艺术的基础上，通过吸收和借鉴其他民族和民间艺术而形成的。大方县农民画于20世纪50年代后期开始成型，于70年代中期形成了独具风格的画派。1983年，大方县的5件农民画参加全国首届农民画展，3件获奖；1996年，大方县10件农民画参加“中国农民画优秀作品展”，10件全部获奖；2007年，大方县4件农民画参加了第三届中国农民艺术节画展。截至20世纪末，大方县有500多幅农民画参加省级以上展出，67幅获得省级以上奖励；18幅获得全国奖；140多幅公开发表；110多件由国家收藏或者销往国外。大方彝族农民画经过半个多世纪的发展，成为国内外享有名气的文化品牌。大方县因农民画的成就突出而于1988年被文化部命名为“中国民间绘画之乡”。2008年又被文化部命名为“中国民间艺术之乡”。大方县与陕西省户县、上海市金山县的农民画共称为“三大农民画乡”。大方县农民画具有浓郁的生活气息，鲜明的民族风格和强烈的时代特点。民族历史、宗教、风俗习惯、生产生活的方方面面都在农民画中得到反映。作品除了反映农村生活状况，也表现了画家所属的民族文化传统，画中描绘的物象、纹样、图案等就是民族文化传统的符号。大方农民画想象丰富，手法大胆、夸张，色彩明丽，对比强烈，有很大的视觉冲击力和艺术感染力。

水城彝族农民画。水城农民画是在当地以彝族占多数的少数民族的刺绣、蜡染、剪纸、雕刻等民间艺术的基础上发展起来的。其中有丰富的本民族的历史、宗教信仰、风俗习惯、生产生活等内涵。“喜欢哪样‘画’哪样，怎样好看怎样画”是水城农民画的一大特点。水城民间画师在表现这些内容时，往往把当地的民俗、生产生活、自然风景等无拘无束地融汇进去，大胆地发挥想象，表现出一种纯朴、自然、率真、坦诚的风貌，创作手法多用夸张和错位，表现出了本土民间传统固有的乡土特色和泥土气息，古朴、浑厚、纯真、大胆、泼辣、新奇，自然淳厚、绚烂活泼，充满了泥土芬芳。1988 年，国家文化部把水城县命名为“中国现代民间绘画之乡”。水城农民画不少作品获奖并被有关机构收藏，留下了宝贵的民族民间文化资料。水城境内先后有 200 多名农民画家在全省乃至全国获得了不同层次的奖励，不少作品被国家级博物馆收藏，有的还销到了国外。2002 年，水城农民画《秋收》获全国现代民间绘画画乡作品邀请展一等奖。水城农民画以其自由、夸张、色彩艳丽的艺术形式和大胆、泼辣的艺术手法，集蜡染、刺绣、挑花、剪纸等民间艺术为一体，被誉为“中国农民特有的艺术语言”。

二、精雕细镂的雕塑雕刻

陶刻泥塑。彝族毕摩在举行祭祀和各种仪式的时候，都要制作大量的草偶、木雕、泥塑作品，这些制作材料就地取材，突出实用，抓住人物、动物、鬼神的要点进行创作，不拘成法，随意而有趣，形象生动。凉山州美姑县的毕摩草偶、泥塑，自然有趣，以骨传神，生动活泼。贵州省威宁彝族回族苗族自治县中水发掘出的殷商时期的文物，有许多陶器上有雕刻符号和纹饰，这些铸塑形象和镂刻纹饰与彝族古代生活有密切的关系。

金属雕刻。云南省晋宁石寨山出土的文物中，铜器上雕刻有许多人物，反映古代云南地区的收获、祭祀等场面的内容，形象栩栩如生。贵州省赫章县可乐发掘的夜郎时期的文物数量很多，其中的铜鼓立虎、铜牛灯、蛙形铜器、铸剑柄的镂刻纹、各种铜带钩及其他诸多的青铜器雕塑、镂刻，与彝族传统宗教信仰、社会生活、战争、军事等关系

紧密，也与彝族古籍中的记载相吻合。赫章县铁匠乡发现的西汉时期文物“祖祠手碓”，其上除刻有彝文以外，还铸刻有蛙、蛇、花纹等图像。大方县发现的明朝成化年间的成化钟，除了有彝文和汉文铭文外，钟面四周各有一幅八卦图，八卦图四周的云纹、雷纹夹有两对日月图案，顶部挂耳的两面中柱脚均铸饕餮头形。赫章县发现的彝族祖灵桶中的铜铃上有各种插神树枝的图样。彝族日常生活所使用的银器、金器、铜器等，一般也雕刻有一些装饰的图案。纳雍县的贵州宣慰府遗址附近出土的金凤冠等金银首饰，雕刻精美，传说是水西彝族贵族妇女遗留。

石刻石雕。在大方县彝族古代慕俄格城遗址，在建造奢香博物馆时，挖掘出了一批石雕，有石虎、石马及各种建筑物基础的雕塑，上面有各种与彝族古代宗教信仰有关的图案雕刻、花纹、云纹。纳雍县乐治镇的贵州宣慰府遗址，现在残存的石墙、石础、台阶等，上面雕刻有各种各样图案、花纹、云纹、雷纹。奢香墓旁边的石雕是现代彝族石雕，其中尤以两根图腾柱上的雕刻最具彝族传统文化特色，柱身雕刻的图案是彝族宗教信仰的内容，柱顶雄踞着称为“吼”的吉祥兽，其他雕塑均反映彝族传统文化，各种图案和纹饰均代表相应的历史掌故。贵州彝族在清朝以后被强行普遍推行土葬，留下了墓葬，有许多彝文石刻，同时有不少石雕，这些石雕多刻石马、石虎、涡纹、云雷纹、鹤、鹃、鹰、松柏、蕨草、花鸟图案，多为图腾物或者吉祥兽等。

木刻木雕。彝族木刻与木雕作品，主要刻于木头建筑的房屋、家具、餐具和面具。四川凉山地区的大量彝族房屋，都有工艺精美的木刻与木雕。今存的大屯彝族土司庄园，其建筑风格既有彝族传统文化，又借鉴了汉民族、日本大和民族的一些建筑元素。其房屋上的木头雕刻既具有传统彝族文化的各种图腾、图案、花纹，也有汉族建筑物雕刻的传统吉祥图样。彝族古戏《撮泰吉》演出时要戴面具，这些面具都是用杜鹃树、棕树等木头雕刻，把圆木一分为二，凿出毛坯，再雕刻出猿猴的面貌，额凸、鼻长、有眼无珠，涂以黑白色彩，形象夸张、生动。彝族木制家具、餐具一般都有雕刻、镂空的各种纹饰，其图样部分是传统彝族文化内容，多数与汉族的文化相同。

三、技艺精湛的工艺美术

贵州彝族工艺美术主要有漆器，服饰工艺中的刺绣、挑花，金属用具与饰物，面具，编织等。名气最大的是贵州省大方县和四川省凉山州喜德县彝族漆器的髹漆艺术。而最为奇特的是水西的“豆腐马鞍”，这一工艺在民间传说很广，但是既难见到实物，也无法考证其制作工艺了。

贵州彝族中专门有称为“果铺”的一个支系从事工艺劳动，这一支系的人在过去也称为“够葛”，据传说，他们是彝族工程师的始祖“够阿娄”和“葛阿德”的子孙。在威宁彝族回族苗族自治县，现在还有“果铺”居住的专门的村寨、社区，他们所从事的手工业劳动仍然是具有一定技术要求的工艺劳动。

喜德彝族漆器

彝族漆器具有悠久的历史，相传其髹漆工艺已经有 1700 多年。贵州彝族漆器与贵州茅台酒、玉屏箫笛共称为“贵州三宝”。四川彝族漆器作为精美的餐具，是接待贵客的必备家什，漆器使用的品位标示对客人敬重的程度。

漆器可以根据用途分为餐具、酒器、兵器、马具、毕摩法具五大类。漆器的胎骨质地有木、皮、角、竹等，附饰物有爪、蹄等。餐具的胎骨质地主要是木，皮次之。餐具为桌、盆、盘、钵、碗、勺等各样都有。酒器以壶和杯居多，特别是杯类有鹰爪杯、牛角（水牛、黄牛等）杯、羊角（羚羊、山羊、绵羊）杯、猪蹄杯、皮杯、木杯等。漆兵器主要以皮作胎，铠甲、头盔、盾牌、护手、护腕用生皮或木作胎，经过绷压、粘接、缝合、缀连等工序后再上漆。另外还有牛角号、箭筒、匕首鞘等。马具以马鞍工艺最佳。毕摩法器有“洛洪”、“维妥”和“通切”。漆器的漆料主要是生漆，颜色一般为红、黄、黑三色为主调，纹饰有漆彩绘、雕刻、镶嵌、堆漆四种，以漆彩绘运用最为常见。漆器的工艺图样是对自然万物的摹绘，如日月星辰，山川岩石，草树花叶，飞禽走兽，昆虫菌类，人造的各种工具、渔具、火焰、兵器、几何图案等，不一而足，五彩缤纷。彝族漆器十分重视构图布局和色调搭配的整体和谐。圆筒器型具作横线纹饰，浅腹器型作两方纹饰连接横贯腹中，鼓腹器型分层次布局，小型器物通体彩绘以求饱满，大型器物则力求简约避免繁杂。彝族漆器的色彩对比强烈，个性突出，视觉艺术效果极佳。贵州省大方县与四川省凉山州喜德县申报的彝族漆器髹漆艺术，被确定为中国非物质文化遗产。

金属饰品

彝族金属用具以铁器、铜器为主。铁制农具，如条锄、板锄、镰刀、斧头、砍刀等，一般都有简单的花纹。武器中刀剑等的把手和鞘一般都有较为精湛的工艺图案。铜器以锣、钹、钗、铃为多，都有不同的纹饰。特别是可乐出土的夜郎时期青铜器中，有许多带钩一类的装饰物，工艺技术相当高妙精美。

彝族装饰品以金饰和银饰为多。银饰是彝族常用的装饰品，基本形状有牌、链、柱、环、泡、针、须等，图案有自然图形、历史文化内容和几何装饰三大类，图形求神似而不求形似，把握事物的大要而不及细部，加以取舍、变形、组合、抽象，在有限饰物上对要表达的内容尽量传神。

贵州彝族面具是彝族古戏《撮泰吉》演出时必须有的道具。《撮泰吉》面具用木头制成，将一截约30厘米长的圆木剖为两半，中心抠空，外面刻成猿猴形象，有眼眶而无眼珠，便于演员从中向外观看。《撮泰吉》中出场的人物，除了惹戛阿布（山林老人）不戴面具外，其他的都要戴面具。其中，阿布摩戴白胡子面具，阿达摩戴无须面具，麻洪摩戴黑胡子面具，嘿布戴兔唇面具，阿安戴无须面具。这些面具涂成黑底色，然后在上面用白色勾勒出面部轮廓，形象粗砺、夸张生动。有须的代表男性老人，无须的代表女性和小孩。兔唇面具代表非正面人物形象。面具的角色识别功能十分明显。

彝族编织工艺有竹编、草编、棕编、麻纺织编织和毛纺织编织等。竹编工艺最精湛的是“果铺”所编织的各种竹器，有竹背箩、撮箕、筲箕、斗笠、竹席、竹饭盘、碗箩、筷箩、囤箩等。草编有蓑衣、草鞋等。棕编有蓑衣、毛蛋（体育玩具）等。麻纺织编织和毛纺织编织工艺在一般衣服的制作、口袋制作和特殊衣料的制作上都经常使用。

刺绣是彝族传统的工艺之一，在彝族传统女红中占有重要地位。彝族刺绣既有工艺精巧的特点，也有文化丰厚的内涵，所以一直为彝族所重视。彝族刺绣主要体现在彝族服饰上。彝族服饰具有明显的民族特色，“左衽”是其主要形式。现在的服饰文物中，有大方县

留存的水西上层贵族结婚时新娘所着的方袍，有赫章县留存的彝族土目服饰。这些衣服上都有刺绣工艺。彝族刺绣工艺的文化内涵，有的是历史事件的缩略图形，有的是图腾物，如龙图腾、虎图腾、鹰图腾、鹤图腾、杜鹃鸟图腾、鸡图腾、鱼图腾、松柏图腾、蕨草图腾等，有的摹绘自然山川、日月星辰，有的是文字图案、象形符号，有的是几何图形等。一方面是所居住地区的自然风物、社会生活的反映；另一方面又结合具体的服饰刺绣传承古老的民族文化，形式美丽，内蕴深厚。

贵州水西地区传说中，历史上曾经制作过豆腐马鞍，其质地比木鞍更坚硬。这种马鞍在新中国成立前还有人见过，据说工艺精美，上了土漆后一样可以坐乘。在贵州省纳雍县还发现了白银镶嵌的银鞍，现在已经流转到了赫章县。

四、形象端正的彝文书法

彝文书法具有彝文书写的独特风格和彝族独有的审美意蕴。云南、四川、贵州的彝文字体，其形体特征有较为明显的区别。贵州的彝文是正方形，字体方正，相当于汉字书法的楷书正方块；云南的彝文是横放的长方形，字体扁平，相当于汉字书法的隶书矩形；四川的彝文是竖立的长方形，字体高朗，相当于汉字书法的小篆立面。从整个彝文古文献的字体情况来看，贵州彝文书法字体以正书——相当于汉字的楷书——为主，有一部分笔势连带的“行书”或者说是“行楷”字体。传统的彝文书法很少有龙飞凤舞的“草书”。

彝文书法的总体特征较为明显。从笔划上来说，彝文的点划形质是相当丰富的，各种形式的线条形式十分繁富，然提要而言，以横、直、弧、曲四种线条为主，尤其是弧线和曲线，是传统彝文的主要笔划。

从用笔来看，彝文纸书文献中的用笔多取中锋运笔，少部分也有侧锋运笔的情况。而石刻的笔锋较为圆润，木刻的笔锋则劲折凌砺。笔划的顺序，基本上遵循了从左到右、从上到下、先内后外及由外而内的彝文书写规则。

由于古彝文造字方法的基本特点是以部首为主导，因此，彝文书法的字形的结体和布局也有长、短、偏、斜、大、小、疏、密、堆、插、重、并、向、背、孤、单等。但是这和用笔一样，必须结合具体的作品来分析，其意义才能凸显出来。

《水西大渡河桥碑》拓片局部

从书写的质料而言，古代有以骨头、兽皮、兽角、布帛、纸张书写的记载。有用竹笔、毛笔为书写工具的情况，有用牺牲之血和红土为书写之墨的传说。就现实而言，以白绵纸、毛笔和普通墨汁书写的最多。彝文书法，以白绵纸书写的为最多，国家图书馆收藏500多册彝文古籍，云南省、贵州省、四川省的一些机构都有收藏的古籍，其中有不少书法佳作。目前仅收藏于毕节市彝文文献翻译研究中心的就有数千册，其次是碑刻，初步的统计有1000多通，有名的有《水西大渡河建桥碑》、《镌字岩摩崖》、《李雨铺四棱碑》等。再次是金铭，目前发现了《祖祠手碓》、《成化钟铭》等几件作品。最后是木刻，最为著名的是《色尾处莫》、《玛牧特依》、《摩史苏》。

第四节　吃要四脚落地　穿比三月赛装

西南地区气候温润，物产丰富，为长年生活在这里的彝族人民提供了丰富的食物来源和衣着原料。彝族饮食风味独特，自成体系，成为一种诱人的美味。彝族服饰独具特色，多姿多彩，成为一道亮丽的风景。

一、大快朵颐的彝家美食

彝族生活地区出产的粮食作物有稻谷、玉米、土豆、荞麦、燕麦、各种豆类、蔬菜。彝族饮食在主料、佐料、加工、味道、营养等方面都有讲究，在饮食习俗上也不同于其他民族。彝族饮食习俗重礼节、论宾主、分主次、顾尊卑，在烹调上讲究质、色、香、味、养，地域不同又有各自不同的美味佳肴，以此养育了千千万万彝家儿女，吸引着成千上万的中外客人。

日常主食。北部和山区以玉米、土豆、荞麦、燕麦为主，南部和坝区以大米、玉米为主，辅以杂粮。玉米、荞麦、燕麦等，把干子粒放在石磨或打面机中粉碎成面，筛出细面储藏。做玉米饭时盛在饭簸中加水调和，用甑子蒸第一道，再倒入饭簸中加水汾涨，蒸第二道至熟即可食用。黄玉米饭色泽如金，白玉米饭亮丽如银，味道香甜。大米饭的制作略如玉米饭，不过还可以直接焖熟食用。燕麦炒面一般作为出门必带的食物，可以直接加清水调食，亦可加甜酒调食。荞面可做成荞饭、荞糊等。黔西北地区的荞糊彝语称为“古乃”，人人喜欢，因此在毕节市内被音译为“姑奶”，大小餐馆皆备有，随时供食客点餐。

日常副食。主要有豆类、蔬菜、瓜果、野菜、肉类。菜食以汤菜为主，时时炒一些其他菜肴佐餐。汤菜主要是以青菜、白菜、圆根、萝卜菜做成酸菜加水煮开做成的酸汤，加放煮熟的豆米调和而成，清和爽口，家家常备。也可加猪肉、羊肉调制成油汤。肉类则喜欢吃“坨坨肉”、腊肉。

饮品。彝族饮品以白酒、甜酒、茶为主。彝族有谚语说：“彝家的酒，汉家的茶。”白酒为待客必备，来客必饮，无论有没有菜肴，有酒即是宴席。所谓“无酒不成礼，无酒不成席。”甜酒则是产妇“坐月”时饮用，平常劳动歇息、村邻来往时也根据储藏和喜好饮用。茶则随人喜好。

特色饮食。“好咂不过杆杆酒，好吃不过砣砣肉，好喝不过罐罐茶，好玩不过火把节!”这是彝家人普遍流传的歌谣。这里提到的都是彝族有名的三种特色饮食。

杆杆酒。杆杆酒又叫咂酒，因为要用通心的细竹杆插入酒坛中汲饮才喝得到，所以被称为杆杆酒。咂酒是西南彝族十分喜爱亦精于酿制的一度曲酒。贵州毕节的清场考古发掘出了商末陶酒具，威宁中水出土有西汉陶酒具，清镇、平坝等地出土有魏晋时期的瓷酒具。咂酒有着悠久的历史和浓厚的文化底蕴，突出的民族特色和广泛的群众基础。咂酒的低度酒性质和一度曲酒的类型，符合将来人类生活所需求的方向。将咂酒像开发啤酒、葡萄酒一样成为世界知名品牌，这便是21世纪西南彝区特色酒业经济的指向。贵州的“彝家人”咂酒品牌在2010年中国贵阳举行的首届酒博会上一举成名，畅销西南，每一年的生产量只够供应一个火把节或者彝族十月年。

罐罐茶。这是贵州威宁的一种饮茶习俗。家居闲坐或来客叙谈，在火上烤上土豆的同时，用特制如拳头大小的陶罐，放入茶叶细焙文烤出香味，再注入开水，茶水即喷香而出，再用茶杯分茶饮用，茶水酽而不腻，润口生津。

砣砣肉。彝语称为“食交”。彝家来客，必须“四脚落地”、“砧板见血”，就是要视客人身份、地位，分别打牛、羊、猪，最不济也要杀两只鸡凑足四只脚。打牲前要把活物牵来让客人过目，表示是新鲜的、专门为客人而献。肉都要砍成拳头大小的砣砣，煮成鲜美的熟肉，盛在木盘、木盔或簸箕中。大碗喝酒，大块吃肉，体现了彝族豪爽大方的待客礼仪。现在，砣砣肉已经是凉山州大小宾馆中接待中外宾客的特色佳肴。

彝族的其他特色小吃还有彝家饵块，奢香玉簪、威宁荞酥、宜成火腿、墨江麻粹、武定乌骨鸡、骟鸡点豆腐、白杜鹃花炒鸡丝、腌血肠、肝生、云南石林乳饼、凉山辣椒醮鸡、弥勒青蛙煮粥、蜂蜜蘸粑粑、鸡棕煮汤、糍粑豆腐等。云南盛产三七的地方，有将三七制作成茶饮用的习惯。近年来，苦荞茶很受欢迎，滇、川、黔彝区都制作了大量的苦荞茶上市，成为彝家饮料新宠。

传统彝族生活中，吸烟是日常生活的一部分。无论是街市相遇，或者来客进家，先把自家最好的晾晒烟，如兰花烟、陇舍烟等扯出二三匹敬给客人，嘴上咂一匹滋润的作为裹皮，其他的则放在火边慢烤，一边开始叙旧，一边卷烟，视烟杆多少，可以先装一杆，互相转吸，也可各装一杆，独自享用。

二、服饰

服饰是一个民族身份的“名片”。人们之间的社会交际，未曾开口就先看见对方的衣服，熟悉一点社会常识的人从对方的穿着打扮上一眼就能够分辨出是什么民族，是男是女，是老是少，是处在日常生活中还是出门走亲访友，是新婚还是服丧；稍有历史知识的人，还可以从衣服及其佩饰中认识到其中包含的历史内涵，从而了解这个人所代表的家族和民族的历史等。这么多的信息量，从一个人的服饰上就可以全部涵盖，可以说，服饰就是一个民族社会历史的活化石。彝族由于社会历史、自然地理等因素的不同，方言和社会生活习俗等都有不同。操不同方言的彝族人民服饰丰富多姿、绚丽多彩、内涵丰厚、含义深刻，是人们认识彝族社会历史的丰富宝藏。

根据方言及居住地域的不同，彝族服饰可分为六大类型。

凉山型——代表北部方言区。主要是操北部方言的凉山州及附近地区近300万人口着这一类型服饰。其男女上衣均为右衽大襟衣。男女老幼皆披擦尔瓦、披毡，裹绑腿、套毡袜。男子习惯在头顶蓄一绺长发，缠头巾，头巾前端束一20～30厘米的尖锥体，偏离于额前，彝语称“兹尔”，人称“英雄结”。左耳戴蜜蜡珠、银耳圈等饰物。下着长裤，分大裤脚、中裤脚、小裤脚三种款式。妇女着裙，戴头帕，生育后戴帽或缠帕。双耳佩银、金、珊瑚、玉、贝等耳饰。重颈部修饰，戴银领牌。以毛、麻为衣料，喜红、黄、黑三色。常挑、绣、镶滚火镰、羊角、涡纹图案。由于地理封闭，凉山在新中国成立前仍处于奴隶社会，服饰仍较古朴，可分为以诺土语区的美姑式，圣乍土语区的喜德式，所地土语区的布拖式。

彝女盛装

乌蒙山型——代表东部方言区。主要是操东部方言的黔西北及滇东北、川西南近100万人口着此类型服饰。该地区

为古代彝族发祥地，明以前服饰与凉山基本相同，之后发展变化较大。以大襟右衽、长衫、长裤为男服基本款式，女服盘肩，领口、襟边、裾沿等处有花饰，以毛、麻、布为衣料，尚黑，衣多青、蓝色。可分安乐、灼甫、板底土语区的威宁式和淤泥土语区为代表的盘龙式。

红河型——代表南部方言区。为滇南大部分操南部方言近100万人口所着服饰。男子服饰基本上是立领对襟短衣、宽裆裤。妇女服饰多姿多彩，既有长衫，也有中长衣和短装，多有外套坎肩，普遍着长裤、系围裙。头饰琳琅满目，尤喜以银泡或绒线作装饰，以银饰为贵为美。色调鲜艳，对比强烈，有夺目的装饰效果。重绣，兼用镶补、挑花、镶嵌，多用边饰，纹样多自然纹及几何纹。有鸡冠帽、耳饰等。衣料多用布。可分为元阳式、建水式、石屏式。

滇东南型——代表东南部方言区。有滇东南地区及广西那坡近30万人口着此型服饰。男装上为对襟，外套坎肩，下穿宽裆裤。女装以右襟、对襟上衣及长裤为主要款式，个别地区着裙或着贯头方袍。以白、蓝、黑为底色，多饰植物花纹和几何图案。有蜡染、刺绣等工艺。可分路南、弥勒、文西三个款式。

滇西型——代表西部方言区。主要是滇西地区古代南诏发祥地的哀牢山、无量山两大山脉60多万人口着此型服饰。妇女上装多为前短后长的圆领右大襟衣，下为长裤，套坎肩，系围腰，喜佩银饰。巍山、弥渡、大理山区，妇女盛装多为绿、红色，缀绣花套袖，花饰较多，佩戴风格独特的毛裹背。妇女或戴布帽，或包青帕，喜缀五彩缨络、串珠等，同腰间五颜六色的飘带互相映衬，颇显富丽，犹有南诏王室贵族服饰华美艳丽、富丽堂皇的遗风。景东、南涧、南华女服也较浓艳，其他地方较为素净。男女皆喜披带尾羊皮褂，男子喜皮兜肚、皮坎肩，可分为巍山式和景东式。

楚雄型——在操中部方言人口较多的几大方言交汇地的楚雄州及

邻近地区，有 80 多万人口着此型服饰。普遍着右大襟短衣和长裤。女装上衣稍短，花饰繁多，色彩艳丽，以马樱花、云纹、二方连续纹样为多；头饰有 40 多种，可分为包帕、缠头、戴绣花帽三种，各地标志不同；装饰多在上衣、胸前、盘肩等特定部位。男子着短衣长裤。以挑花、镶补、平绣工艺为普遍。仍不同程度地有男女披羊皮，衣火草布，着贯头衣，穿裙等遗俗。可分龙川江式、大姚式和武定式。

第五节　一颗印与九层宫

西南地区幅员宽广，气候多变，高山与峡谷，山区与坝区，随着季节变化和海拔高低的不同，居住环境差异很大，就是谚语中所谓的“一山有四季，十里不同天。”因此，彝族的居住、建筑也因地势的不同而出现不同的特色，自然条件是居住和建筑最大的决定因素。由于历史和地理等的综合原因，民间谚语中所说的“高山苗（苗族），水仲家（布依族），彝族住在山旮旯”，总体上形象地描绘了彝族的居住区域特色。

彝族村寨一般选择背后有山坡可以放牧，前面有土地可以耕种，面水靠山的缓坡或二半山地上。彝族建房歌中唱：“阿波阿若教子孙起房造屋，东墙面向太阳，西墙对着月亮，北墙靠着山林，南墙对着江河。世世代代有平安幸福。”这样的地势避风向阳，日常可以耕作放牧，遇事可以凭险据守。

传统的彝族村寨一般为二三十户，多者达上百户。通常情况下，彝族是一个血缘家族聚居于一个村寨，也有的是几个姓氏不同的家族居住在一个村寨。贵州威宁彝族回族苗族自治县的金钟镇政府所在地，是古代彝族阿尼阿景家族的聚居地，人口最多的时候有 300 多户。相

邻的几个村寨如果是不同姓氏的家族，往往互相之间联姻，平时互相帮助，战时共同御敌。

彝汉语言同源异流，对房屋的称谓在古代也是相同的。彝语称房屋为“嘿”，即古汉语“穴”的音，是人类还住在洞穴中的时候的语音的遗存。为了适应不同的居住环境，彝族创造了富有民族特色的各式民居建筑。凉山地区的彝族民居为“瓦板房”，云南、贵州地区的彝族房屋有木房，有土掌房、一颗印、土墙房，这几种房屋是土墙房不同形式的称呼，还有石房、雕楼、三房一照壁、厦片房、垛木房、闪片房，滇东、广西则有干栏式民房。随着时代的发展，现在彝族居住的房屋，经济实力雄厚的已经盖起了小洋楼甚至是别墅。

村寨里有的地方有议事公房，或者修建有进行体育、娱乐活动的公共活动的场所。根据习俗的不同，有的在寨子附近盖有“姑娘房”供未婚少女谈情说爱。在村寨的前面，一般是耕作的土地、田园。村寨后面的近处，一般有村寨供奉的神树、密枝林。离村寨较远一些的山坡上，一般有家族的墓地或者火葬处。更远一些的山崖、岩洞，过去就是存放祖灵桶的地方。翻过山坡，见不到村寨的地方，往往有男女青年对歌的歌场。

一、民居房屋的建筑特色

土掌房。又叫土屋，是彝族特色突出的民居建筑。这种房没有屋脊，也不盖草或者盖瓦，以木立柱，四壁有石块砌基础，用土坯砌墙或者夯土筑墙，屋顶平铺木横梁，横梁上再铺上竹篾、松毛，最后填上泥土抹平即成。这种土掌房冬暖夏凉，消防功能很好，屋内光线较暗，但屋顶可作晾晒谷物和纳凉休闲等用，是适用性非常好的民居类型。

彝家新居

一颗印。土墙房的一种别致的类型，这种民居一般是三栋房屋加一个门墙构成一个相对封闭的空间，土墙房上盖瓦。外围自成四四方方的形状，内部即天井也是四四方方的形状，远望其形象好似一方四四方方的大印，被形象地称为“一颗印”。

石房。这是彝族民居中的一种，多为居住在石山区如云南石林等地彝族，以石头为材料建筑修建，其墙体用打磨成型或者自然可用的石头砌成。

叉叉房和窝棚。现在已经很难见到。叉叉房是用两棵木叉相对而立，上面搭上一根横木，用椽条搭在横木上，再盖上树叶或者野草即成。窝棚则更简单，砍下带叶树枝，搭成一个圆锥形的空屋子即可。窝棚是古老的居所，也称为“青棚”，至今彝区的婚礼和丧礼上，沿袭传统风俗的地方，都还要搭建青棚迎接客人或作为办事处所使用。这两种房子是彝族民居中最为原始的住房，就地取材，坏了重建，随时

可以搬迁，简易适用。

闪片房。这是见于云南哀牢山等气温比较高的地方的民居，用土石垒砌四壁，顶上横搭5～7根木梁，梁上盖上松木或杉木薄板，系上皮条、绳子或藤子把木板捆扎在梁上。闪片房外形远望好似古代的简册，室内通风、透光，一楼一底，底楼一排三间，左室长辈居住，右室子媳居处，中为堂屋设置火塘，是公共空间。

三房一照壁。这是大理、巍山一带常见的彝族民居，多顺山而建。中间的主房高于两侧的耳房，分为实心房和空心房、带厦和不带厦、瓦房和草房。主房三间，中间设为堂屋，墙上安放篾笆和祖灵，下设祭桌；左间大，三面设火炕床，中央设火塘；右间为新婚夫妇居所。耳房为存储间或住人，多为上楼下圈。院子中间有照壁，也为打谷场、晒场。

茅草房。这在彝区各地根据情况的不同，又有不同的形式。黔西北地区的木柱茅草房，有三柱落脚五个头、五柱落脚七个头，七柱落脚九个头等，都是四排柱子三个开间，立好木柱后在上面盖上茅草（也有稻草、玉米秆）等即成。滇西北的木楞草顶房、红河的夯墙草顶房（蘑菇房），与黔西北的木柱茅草房略同，只是在木柱的加工和使用上小有变化。

雕楼。这是彝族建筑中的防御工事。过去是土司、土目庄园必备的军事建筑，有土墙、石墙、砖墙三种，以石墙居多。样式为四方形高塔状，要高于住房和其他建筑，一般建在庄园的前院院墙的两旁，如贵州毕节大屯土司庄园；有的是建在水塘之中，如贵州水城玉舍土目庄园。雕楼的每一层四面都有了望孔和枪眼，既是瞭望的哨所，也是防御的阵地。

广西那坡、隆林，云南富宁一带彝族民居有“干栏式”房屋，是一种吊脚楼形式，人住楼上，牲畜在楼下。

除了各地不同的建筑形式，也有彝族地区比较普遍的民居，就是一栋房屋一列三间，中间为堂屋，安有火塘，在神壁上设置神龛，下面放置祭桌，中柱上悬挂一些历年祭祀所用留下的物品，是一家人的精神、信仰空间，也是厨房、会客、餐厅等用，围绕火塘，长辈向晚辈讲述民间故事、传说、神话、历史、吟唱史诗等，这就是以火塘为中心的公共空间。火塘在彝族人的精神生活和宗教信仰中有非常重要的核心作用，是团结、凝聚一家人的重要象征，不能熄灭，不允许跨越，每逢年节还要举行祭祀仪式，具有非常神圣的地位。在贵州，姑娘出嫁时，要由兄、弟背着绕火塘三圈出门，火塘代表家庭送别姑娘；到了婆家，也要绕火塘三圈进入夫家族中，火塘代表夫家接受新娘入籍。房屋的两边为居室，左边住长辈，右边住晚辈特别是新婚子媳。结婚之后，除了幼子从父母居住外，大的儿子都要分家，独立建新房子另外居住。

彝族家庭的家具不多，一般有餐桌，存储粮食和物品的箱子、柜子，床，橱柜等，多数在婚娶时置办齐备，可以一生无缺。餐具根据人口多少添置，有竹木餐具、漆器、瓷器、陶器和少量的金银餐具。生活用具有石磨、石碓、水缸、水桶等，生产工具有耕作工具如犁头、锄头、刀具、箩筐，有驮具、猎具、渔具和加工工具，如筛子、风簸等。

二、古代官府与宫殿建筑

彝族古代的官府建筑和宫殿建筑，融汇了彝族传统的建筑思想和风水观念。比较著名的遗存有宣慰府遗址、九层衙遗址，还有关于九重宫殿和九十重宫殿的记录。

宣慰府。又被称为水西宣慰府（实则应为明朝诰封的贵州宣慰使府），最早是设置在“贵州城”，即今贵阳市区宅吉一带，中后期则在

慕俄格古城即今大方县城一带设府办公，后期在今贵州省纳雍县乐治镇政府驻地对面的蚕箐梁子下面有一处宣慰府。后期的宣慰府址后面的山岗过去叫作“鹿花背”山，形状犹如一只奔跑的野鹿。现存宣慰府遗址面积约 10 000 平方米，院宇四周有长 1000 多米的石墙围绕。府第坐北朝南，门前有一拥壁残存，长 22 米，高 2.5 米，厚 1.5 米；门前尚存两间石壁，高 5 米，长 22 米，墙体光滑，墙体的修建没有石灰拌和物的痕迹；府第内庭院宽敞，基础与雕花的石坎犹有遗存，自下而上可断为 5 级；拥壁、府门墙体、雕花石坎石材均系一级石料，其上雕刻的条纹图案相同；料石最长者 2.73 米，宽均为 0.62 米。府第第一级东西两侧各有一卷洞门，门已圮毁，尚存东侧残墙基石；出卷洞门后各有一条石板砌就的通道；庭院东侧尚存高低不等残墙一段，长约 120 米，高 2 米，并刻有条纹图案。现遗址内仍有一些柱础。其中第五层原大殿的柱础保存较好，现存两个，均为 1 米见方，上部突出的圆面直径 0.6 米，柱础东西相距 11.4 米。宣慰府遗址西侧原为绣楼、厨房、金银库、兵器库等，这些建筑物今已不存在，只有高 4 米、长约 30 米的石坎尚存；原来宣慰府中用以冲洗淘米的洗米沟现在仍然可见残断的石槽；小山沟旁、厨房下面有一小石桥，桥高约 4 米，宽 2.8 米，系单孔石拱桥，桥上的上马石尚存。宣慰府门前原是一条笔直的箭道，直接与驿道相接；前面是一片东西走向的宽广的田园，田园中有一季节湖，每到夏季水源丰富时积聚起来的湖水一派波光粼粼；府第后面则是逶迤连绵的蚕箐梁子。

九层衙。坐落在今贵州省大方县城东约 8 千米处，地属原鸡场区拢拱公社九层生产队。今存遗址占地面积达 6000 多平方米。其址背负观音山，面对马鞍山，左侧为大坡，右侧为翻天马蹄，有四条羊肠小道由山间通入，一路通大方，一路通羊场坝，一路通六龙，一路通头塘。遗址前面有一条水沟，后面有一口水井称为“官水井”，路旁有道光年间立的指路碑一块，山上有同治八年古墓 3 座，均为同时迁来的陈姓祖坟。遗址呈阶梯状，共分为九层，因此而名为“九层衙”。

九层宫。在《西南彝志》的第十四卷和第十五卷，有《德额宫殿的叙述》和《论宏伟的九重宫殿》，是《西南彝志》中关于宫室建筑的最为完整的论述。后面一篇不但说明了要建筑宫室的原因，怎样修筑，各重宫殿的情况以及宫内陈设用具等，还叙述了如何寻找和选择修建宫殿的材料，宫殿的地理环境，歌舞盛况等相关的事宜。

九十重宫殿的记载始见于彝文史籍《彝族源流》，在该著作的第二十三卷专门有《阿芋陡家九十重宫殿》一章，叙述阿芋陡家修建九十重宫殿的盛况，分设有二十四个大厅和三十八个屋面，还细致地记录了宫殿中的二十四个大厅中的二十三个分别都储藏了什么东西，每个大厅都作什么用途等。

第六节　欢乐的火把节

节日是农事的花朵，也是文化的精华。彝族有许多传统的节日，既有全民族共同的大型节日彝族十月年、火把节以及后来的春节等，也有区域特色、支系特征的节日如密枝节、插花节、跳宫节、赛装节等。再进一步细分，有农事类节日、祭祀类节日、纪念类节日、庆贺类节日、社交类节日。其中最为重大的节日是火把节和彝族十月年，这两大节日包含了丰富多彩的历史文化内涵。

一、火把节

火把节一般在农历的六月二十四日前后几天过节。火把节又称星回节，唐朝时期，南诏王骠信专门有一首描写星回节的诗，被收进《全唐诗》之中，诗曰：

“避风阐善台，极目见藤越。
悲哉古与今。依然烟与月。
自我居震旦，翼卫类夔契。
伊昔经皇运，艰难仰忠烈。
不觉岁云暮，感极星回节。
元昶同一心，子孙堪贻厥。”

这是目前所能见到的关于星回节即后来火把节的最早的描写，抒发了一个王者在火把节登上高台的所见所闻、所思所想。

火把节的流程是从每家每户的个体活动开始，汇聚成一个巨大的集体性活动，掀起全民族共同聚会、集体欢乐的狂潮。

火把节到来时，所有的人都穿上节日盛装。各家先在家里举行家庭祭祀活动后，一齐集中到村寨附近的平地或者缓坡上，唱歌、跳舞、斗牛、赛马、斗鸡、摔跤、打磨秋，举行各种游艺活动，比赛、竞技、访亲、会友。特别是未婚青年男女，弹月琴、对口弦，唱情歌、找对象，欢乐无限。无论何处举行活动，男女老少都来喝彩助兴，帮腔助威。整个火把节的集体活动使千里彝山热闹非常，吸引无数外来的游客。

火把节既有全民性祭祀、举火、欢会等共同内容，也因为地域的不同有不同的具体活动。

云南石林彝族许多村寨都有公共的火把节活动广场，节日期间远近村民聚集在一起，吹起竹笛，拨起三弦，尽情欢歌、舞蹈，举行各种游艺活动，夜以继日地狂欢。

云南永仁彝族在过火把节时，每一家人户门口都要立一根长约两丈的火把，从节日第一天点燃，一直燃烧三个晚上。以家族为单位，每个家族都栽一根木桩，便于过节时杀鸡宰羊作为祭牲，杀好的祭牲用来祭祀祈求五谷丰登、六畜兴旺、人员平安。在祭祀之后就可以点燃火把。

云南元江彝族火把节是要举着火把在田边地坎游行，不断地往火把上撒松香，边撒边喊“烧死庄稼害虫，烧死庄稼魔鬼”。在田地四方游行结束后，举行盛大的篝火晚会，青年男女开始弹拨口弦、月琴，跳起欢乐的锅庄舞，通宵达旦娱乐。火把节结束，老人们才把火把燃烧留下的灰烬扫除，送到荒野，一年的火把节活动宣告结束。

贵州彝族在火把节的白天，要举行祭祀献酒，祈求丰收、平安，还举行斗牛、赛歌，青年们则谈情说爱，笑语欢歌充满聚会的山野。到了晚上，各个村寨要点燃火把，集体绕村游行，以示驱除害虫，保佑庄稼免遭灾害。游行结束举行篝火晚会，豪饮高歌，联袂跳舞。

广西彝族过火把节时，由腊摩（即毕摩）带领村人共同杀牛祭山，把牛肉均分给每家每户，各户在煮食牛肉前先用竹签穿一小块牛肉插到神台上祭祀祖先。下午全村人聚集到当地最高的山顶，用牛肉和糯米饭喂布谷鸟，然后举行各种娱乐活动，尽兴而归。

火把节上的选美活动

四川凉山彝族在火把节期间，先由每家每户在家中杀鸡

祭祀，祝祷人畜安康，粮食丰收。再聚集到山坡、野外举行集体活动，有的还举行选美活动，到场的年轻漂亮女孩都有可能成为当年火把节的美女，身价倍增，名扬四方，成为年轻人争相追求的对象。晚饭之后，户主举行点火把仪式，口中念着祝祷辞：“烧掉一切不干不净，烧掉一切不吉不利，保佑全家平安健康，保佑庄稼不受虫害，祈求五谷丰登、六畜兴旺。”把屋子的每一个角落都要照遍，之后举着火把绕房屋一圈，汇聚到全村火把游行的队伍。这些火把在黑夜之中，先是分散的星星点点，最后汇成一条长长的火龙，游向山野、游向田间，伴随人们高声的呐喊，震动荒野，响彻云霄，把火热的气氛推向高潮。

二、隆重的彝族十月年

节日也是有性格的。如果说火把节是个性格外向个性张扬的节日，那么彝族十月年则是个庄重肃穆性格内敛的节日。十月年是通过彝族十月太阳历推算出来的节日，即把一年分为 10 个月，每月 36 天，剩下的五天或六天就是过年祭祀日。它是冬季最为隆重的节日，彝语称为“课嘿”。传统的过年日期是农历十月初一到初五，现在大都改成了三天。为了过好年，每家人都要喂好过年的肥猪，酿制美酒，磨制豆腐，缝制新衣，备足柴火，还要准备各种祭祀所用的物事，走亲串戚的礼物，待客需备的过年用品和充足的过年物资。

云南多数地方彝族过年时，要折青松树枝或者常青树木枝叶插在大门口和祖先灵牌处，杀猪、杀鸡祭祀天地、祖先、神灵，然后串村子互相走访，相互宴请，特别是要去亲戚家拜望长辈，互致问候。

贵州彝族过年前，年猪早已杀好，豆腐早已磨好，年料早已备足。临过年时，各家要把环境卫生搞好。过年前夜要专门找五种树枝扎成扫帚状，由两人一人持帚一人用干净石块烧红淬水打醋坛举行清洁仪式，把房屋的每个角落乃至畜圈都清洁一遍。晚上祭祀天地神灵，要念诵《献酒经》，从天公、地母、火塘、门槛一直到历代祖先都要祭到，迎请祖先回家过年。新年第一天早上要抢新水做饭供奉祖先，到园地里“踩虫”，举行扭扁担、抱腰、甩皮风、撵山等各种娱乐活动。特别是求子心切的人家要做一副秋千架供人们打秋千，第一个上秋千的人要念祝福语“九子十姑娘”，表示祝愿这家人丁兴旺、多子多福。第三天要早起做饭献祭送祖先返程。

凉山彝族过年还有过五天的遗风。过年前一天要准备好烧猪用的干蕨草等。第一天举行洁净仪式，在屋里铺上松毛和蕨草。然后村子里各家之间开始轮流杀年猪，把猪的心、肝和一些肉切成砣砣肉盛装在木盔中，斟上年酒敬献给祖先并送一份给父母，给本年杀不起年猪的人家送一块肉。第二天，祭祀祖先后，大家开始互相走访，相互请客吃喝，尽兴娱乐。彝谚说：“过年三天没有吃错的，婚礼三天没有说错的。”过年时节，走到哪家，吃到哪家，烟酒互敬，酒肉相加，主人热忱欢迎，客人恭喜祝福，宾主尽欢，其乐融融。第三天，在火塘中烤一个大粑粑切成块配上汤，再祭献一次祖先。第四天，再烤九个荞粑作为祖先路上的食物，举行祈福仪式后，家人要出门唤狗带上到附近的山岗上鸣枪，表示送祖先返程。然后出门到亲戚家去拜年，问候平安。

三、其他节日

巴乌节。是云南西山区、鹤庆县等地举行的农事类节日。过去每逢打猎都要举行“巴乌”即“打得猎物归来”的仪式、舞蹈，现在在农历正月十五举行。跳舞之前，猎人现场剥猎物，把头交给狩猎组织者，皮交给打死猎物的猎手，肉交给主持祭祀活动的“阿布”放在祭火上烧烤，持兽头者在前，让披兽皮者紧随其后，围绕火堆表演各种

打猎姿势、动作、过程，其他人一同跟随表演，待兽肉熟后共同分享。现在“巴乌”节内容更加丰富完整，由十二面木鼓、十面铜锣、十二支唢呐组成乐队伴奏，由36名青年妇女装扮成虎、豹、熊、鹿等野兽、飞禽，围绕着火堆歌舞、鸣叫，猎手们则在外围手持各种猎具围攻“猎物”，表演各种夸张动作和狩猎动作，以此祈祷狩猎获得更多猎物。节日期间还举行各种与灯相关的活动，融入了许多现代灯节的元素。

农事类节日还有云南牟定农历除夕和正月初一举行的为羊过年及正月十五举行的黑井灯会；广西隆林彝族三月初三举行的护山节；贵州和云南小凉山彝族五月初五的采药节；云南彝族黑话人支系七月初七举行的“拉麻节”（贺牛神）；凉山彝族六月中旬举行的剪羊毛节；滇西北山区彝族立冬举行的颂牛节等。

密枝节。云南弥勒、路南在每年的农历腊月十二左右择三天吉日，在村寨的密枝林举行杀绵羊祭祀密枝神仪式，念诵很长的经文驱逐瘟疫，把羊肉分给各家，进村时大家都呼叫“哈够、哈够”，以此告诫不守村规民约和违背道德的人。相传过去有一位美丽的姑娘叫普玛，因为不满自己的婚姻，认识了一个叫普拨的青年而相爱，在丈夫向他们问罪的时候逃到树林里去生活，因为缺少食物回到村子里偷绵羊，此后村里有疫病、丧事，村民就认为是两个逃婚的人在作祟，因此杀绵羊祭祀和禳解，慢慢就演变成了一年祭一次密枝神的活动并进一步发展成祭祀性节日。

广西隆林的跳公节，滇东北、黔西北一带三月三祭山节（采茶节），滇南、滇西一带的祭大龙等也是这类节日。

插花节。云南楚雄每年农历二月初八过插花节。届时人们采摘开放的杜鹃花，编织花环，搭建花牌坊，或者将一束束、一朵朵的鲜花插在路边、树下、寨门、屋门、房角、圈舍，甚至牛角、马头上等。

这是为了纪念彝家美丽而勇敢的姑娘米依鲁。传说昙华山上有位美丽善良的姑娘米依鲁，在放牧时被恶狼追赶，非常危急的时刻，被小伙子朝列若搭救。米依鲁送给朝列若一朵洁白的杜鹃花以示感谢，从此两人相爱。昙华土司贪财好色，以选择美女伺候天仙为名蹂躏各个村寨的姑娘。米依鲁为了搭救姑娘们，二月初八这天采了两朵有毒的鲜花插在头上，只身进入土司家说愿意与土司成亲，在洞房花烛夜以花泡酒与土司同饮，两人都死去了。朝列若出门归来发现米依鲁已经死去，抱着她的遗体两眼哭出鲜血染红了杜鹃花。从此，人们就在每年二月初八到昙华山上采摘鲜花纪念米依鲁，形成了流传到今天的插花节。

这类节日还有云南省大姚县三台山农历三月二十八举行的纪念阿米尼姑娘的服装节，牟定县纪念李文学起义的三月会，广西那坡的跳宫节等。

沙户比节。即彝语“小春尝新节”，云南巍山一带彝族传统节日。在小麦成熟后的四月中旬举行，家家户户用麦面和糖，糯米舂糍粑蘸蜂蜜祭献祖先，已经出嫁的女子要带上糍粑回娘家尝新。

这类庆贺性节日还有云南省哀牢山区农历二月八日的“过年节”，云南省祥云县八月十五的尝新节，云南省峨山县和巍山县农历十月的新米节，云南巍山一带除夕举行的老年节等。

赶花街。这是云南峨山、新平、双柏交界的彝族每年分别在农历六月二十四和七月十五举行的一项跳舞娱乐活动。传说为了纪念彝汉两个民族的男女青年因为相爱受阻而双双殉情的悲剧而起，后来就变成了社交性质的节日。

这一类节日还有云南省峨山县农历正月初二的拜姑父节和正月第一个赶街日的开新节，金平县彝族姑娘在春节后第一个赶场天举行的姑娘会（姑娘街），永仁县彝族正月十五举行的赛装节，元江县彝族农

历二月牛日举行的赛歌会，曲靖市白水农历三月第一个马日举行的搭清节，漾濞县农历三月二十九举行的串会节，广西壮族自治区那坡县彝族农历每年三月举行的情人节（风流街），贵州省威宁县彝族农历每年端午举行的赛马节，六月初一举行的斗牛节等。

第五章

羊皮口袋里的秘密

第一节　耕者有粮牧者有羊

彝族的生活地域主要是祖国西南地区的滇、川、黔、桂、渝五省区市。由于历史发展状况各异、居住地理条件的差别及社会经济生活等诸多因素的不同，在新中国成立前，滇、川、黔彝族地区分别处于不同的社会发展阶段。四川大凉山地区还处在奴隶社会阶段的经济社会形态，而云南、贵州的大部分彝族地区已进入封建领主或封建地主的经济社会形态，在云南的一部分地区还出现了官僚资本主义经济社会的雏形。1956 年凉山进行民主改革以后，西南彝族地区全部进入了社会主义社会，社会经济形态随之发生了根本的改变。在社会主义经济形态之前的几种经济形态，可以称之为彝族传统经济，由此而形成的经济观念，即为彝族传统经济观念。这些传统经济观念的形成，是彝族在传统经济生产中形成的。彝族的传统经济，主要是以农业、牧业为主，以矿业、家庭纺织和家庭手工业为辅，并且有少量的市场交易。从总体上看，彝族传统社会经济观念淡薄，长期满足于耕者有食粮、牧者有牛羊的状况，交换或市场经济意识不强，从而形成了特点

突出的传统经济观念。

一、重农牧，轻工商

重农牧，轻工商是彝族传统经济观念中最突出的特点。彝族传统经济生产以满足人们的吃、穿、行、用、住为目的。彝族根据地理环境，主要种植荞麦、洋芋、玉米、豆类等农作物，有条件地区也种植水稻。在高寒山区以放牧牛、羊、猪为主。受居住地理环境和生存条件的限制，能种好庄稼，养好猪牛羊等家畜已经很不容易了。封闭的居住区域和社会生活无法大量开展商业活动，市场交易很不发达。至于工业，除了在部分有铜、铁、盐矿的彝族居住区有少量采掘和冶炼业外，彝族的传统工业很不发达，大多数都是以家庭手工业为主，如纺织、漆器、少量农具制造、木器制作、竹木工具等。在彝族传统经济意识中，农业、牧业是生存所必需的，是必不可少的经济生产生活，而工业、商业等则是次要的，是可有可无的，这就形成了重农牧、轻工商的传统经济观念。

二、重生产，轻贸易

在彝族传统社会中无论是粮食生产，还是畜牧业生产历来都受到重视，这是事关民族生存和发展的大计。彝族将农业生产放在头等位置来考虑，因此有关勤劳节俭和观察气象为生产服务的谚语很多。如“人勤自享福，人懒自受苦。”“打不干的是泉水，使不完的是力气。”“人不哄地皮，地不哄肚皮。”“只有不怕苦，才能有幸福。”“懒汉一伸腰，勤人走三遭。”“绳索粗的牢，过活俭的富。”“有时不节俭，无时来不及。”“一顿省一口，一年省一斗。”“滴水不断石能穿，常年坐吃山也空。”“毛毛雨湿透衣裳，杯杯酒吃垮家当。”气象方面的如“月亮打伞，晒得鬼喊。”“春南夏北风，全年干旱多。”“春雾地晒裂，夏雾踩烂泥。”“春雷响天边，秋雨挂树尖。”“鹰过天要晴，雁过雨渐稀。”“虫鸣还有雨，鸟叫没有雨”等。农业生产方面的谚语很多，如“炒菜要油盐，种田要肥水。”“不必羡慕别人田，自家田里多施肥。”“栽树先挖坑，种田先育秧。”“精耕又细作，不想仓无粮。”“五月大忙，夫妻离床；六月小忙，使爹唤娘。”“笋子不收长成竹，庄稼不收变成土。”“八月十五月清爽，预兆粮食会增产”等。彝族传统观念中轻视商业贸易是非常突出的，他们认为家族内部要互相资助，有困难大家帮，绝不能在家族内做买卖，甚至与亲戚朋友做交易也感到羞愧。传统思想观念所信奉的是“生意买卖眼前花，锄头落地是庄稼。”

三、重消费，轻积累

这是彝族社会传统生活中的一个突出方面。元代李京《云南志略·诸夷风俗》记载：“酋长死，以豹皮裹尸而焚，弃其骨于山，非骨肉莫知其处，葬毕，用七宝偶人，藏之高楼，盗取邻近贵人之首以祭。如不得，则不能祭。祭礼时，亲戚必至，宰杀牛羊动以千数，少者不下数百。”如此消费对古代社会的生产力破坏性极大。彝族谚语说：“一顿不拿做十顿，过不了日子；十顿不拿做一顿，待不了客人。”在大小凉山彝族地区，无论是亲戚朋友的到来，还是不相识的客人登门，待客一般都要求“四脚落地”，这种来客必须杀牲以待的消费观念，同样对彝族传统社会的生产力破坏极大，造成了许多农村没有资本积累，不利于生产和扩大再生产。

四、重馈赠，轻交换

传统彝族社会中没有乞丐乞讨的现象，这是因为彝族的传统社会结构中家支既是一个相当于政治组织的单位，也是相对独立的经济组织。谁家有什么困难，整个家支成员都会伸出援助之手，给予物质上

的、经济上的无偿帮助。因而不允许有人出去乞讨，彝族人认为出了乞丐是整个家支的耻辱，所以即使有鳏寡孤独者，家支也会给予抚恤，使其幼有所养，老有所归，且不求回报。这是一种良好的社会道德传统，这一传统造成了彝族传统社会重馈赠、轻交换的观念。对于这种家支、民族内部社会抚恤性质的馈赠与无偿帮助形式，有非常重要的社会道德价值与非常重要的亲和力和民族凝聚力，这是值得肯定的。它反映了一个民族要生存、要发展必须团结向前的向心力。然而，随着社会的不断发展，交换在社会关系中的作用越来越明显，甚至成为刺激经济发展的重要手段之后，轻视交换必然会制约经济发展的进程，必然导致经济发展的落后。因此，在彝族传统社会中，以馈赠为荣、以交换为耻的普遍观念，其积极的价值和消极的影响都是不可忽视的。

五、重实物，轻货币

在传统彝族社会，由于重家支观念、重民族观念、重团结互助观念，因而人与人之间的社会关系体现在物质经济关系中，主要是实物往来的关系而不是货币交流关系。以彝族最为重视的丧礼为例，在传统的风俗中，不像现代社会那样以货币为财物的代表形式去表达人们吊唁的心情，而主要是以实物形式，如至亲的亲戚去吊唁，一般以羊为财礼，重要的则用牛。而一般的亲朋好友去吊唁，则是多数都带上一壶酒去表达吊唁之情，基本上没有送货币为礼的。即使家族内部要互相帮助，也都是以支持粮食或其他实物为主，而不使用货币。近代彝族社会经济生活中也产生了集市贸易，不可避免地要发生以货币为媒介的交换关系。而在生意场上，如是某甲出售某物时遇到有相识的亲朋来购买，也都耻于讨价还价，只要对方给一个价钱就可成交，收受了对方购物的货币还要表示不好意思。这些都反映出彝族传统思想中重实物、轻货币的观念。

节日即市场

六、重名誉，轻实利

彝族是一个非常注重名誉的民族。早在三国的蜀汉年间，诸葛亮到贵州彝区时，彝族君长妥阿哲曾助诸葛亮平定一方，受到蜀汉君主的封赠而刻石立碑纪功。刻立于蜀汉建兴丙午年的《妥阿哲纪功碑》至今仍存于大方县奢香博物馆。贵州省境内的大多数彝文古代刻石碑铭，都明显地反映出了追求功名、追求威荣的思想观念，这在《彝文金石图录》（第一辑、第二辑、第三辑）中都十分明显地反映出来。在彝族谚语中，有许多谚语也有明显的体现。如“鸡蛋一般大，彝族头人一般大。”反映了各家支头人都认为自己的威名荣誉是不会低于任何人的观点。又如，“一个人有志气，一族人跟着沾光；一个人不争气，一族人跟着丢脸。”“壮志男儿不卖剑，彝人饿死不讨吃。”“响雷不过

一百里，英雄美名传千秋。”“生死是一时，耻辱是一生。”“宁忍三朝穷，不忍一时辱”等。但是反映彝族人经济实利的思想观念的谚语却很少，只有“见人发财莫眼红，自家贫寒莫冷心。”“宁可忍饿，莫要欠债”等极少数虽然与钱财有关但都是以壮自家志气为主的谚语，而这些谚语所反映出的思想观念仍然是轻视实际利益的。应该说名誉当然比实利更为可贵，因为人毕竟是生活在社会群体之中，彝谚也有反映这个方面的，如“孔雀比雄鸡好看，名声比金子珍贵。”“钱打岩石岩石垮，钱击水面水也枯；钱面一时，人面一生”等。但是因为名誉而怕欠债，怕去认真争取合法应得的利益，甚至因为放不下面子而不去做生意，经商办企业等，则难以顺应时代的发展，难以发展民族经济，而这种思想观念如果与重视消费而轻视积累的思想观念结合在一起，其危害性就更大了。

七、重征收，轻培植

这主要是指彝族古代政权的财源建设。以明代水西彝族政权为例，明代水西政权建立的则溪制度，则溪即是以粮库为基础建立起来的集财权、政权、军权为一体的基层政权组织。而粮食在古代称之为皇粮国税，是一个国家，一个政权的财政的象征。虽然明代的水西政权有许多关于贡马、贡茶，关于建立粮库等有关经济及财政方面的记载，但这些马、茶、粮主要是通过征集得来。有关征粮征税的记载也有。如贵州宣慰司在明初每年应该缴纳 8 万担粮食，但是根据《明实录》的记载，一年也没有完成过，朱元璋只好把任务减少到每年两三万担，但是还是有不能按时完成的记录。可是，在彝文古籍和汉文史籍中，却难以找到水西彝族政权如何养马种茶，发展粮食生产，如何培植财源，壮大经济实力。由此可以反映出一种重征收、轻培植的关于财政与经济的思想观念。

第二节　够葛与打铜织绸

彝族在新中国成立前的历史发展处于多种经济社会形态并存的状况，但是从总体上看，是以农耕为主，畜牧为辅，有很少量采集、狩猎和工商业。主要的就业人口在农耕和畜牧业上。发展到当代，外出打工和经商，成为一种新的就业热点。

一、传统职业与就业

（一）传统职业的区分

除了身体等原因不适宜劳动以外，彝族传统是全民劳动、全民就业的社会。彝族在就业与职业方面，社会形成的分工有着一定的区别。

性别与职业。彝族男人主要从事狩猎、耕作、建筑等主要在室外进行的劳动和重体力劳动，女人主要从事耕作、纺织、家务等室内工作和轻体力劳动，同时生育孩子是女人的一项重要任务，特别是培养孩子占据了女人的大部分时间。适当的外出经商、交游也主要是男人的事情。彝族谚语说："舍不得娇妻，做不了好汉；舍不得家乡，打不了口岸。"

年龄与职业。彝族少年儿童主要从事放牧，一些辅助的农事，如割草、打柴，还帮助家里做些家务劳动，承担一些通信和联络工作。举行过成人礼之后，就是家中的主要劳动力，从事农业生产。五十岁以后，逐渐脱离重体力劳动，有的不再下地，从事放牧和一些辅助农事，或者在家带孙子，做家务。六十岁以上，基本上赋闲了。

居住地域与职业。彝族居住在海拔较高的高寒山区、山区和半山区，以种植荞麦和土豆、放牧牛羊、擀毡、制作皮具等为职业，例如，贵州省的威宁彝族回族苗族自治县、四川省凉山州的一些县等。生活

在林区的以伐木、狩猎、采药等为生计，木匠、土医等为职业，也有少量以物易物、林木、皮货、药草交易者与外界通商。生活在海拔较低的坝区、江河沿岸的彝族，以种植水稻、捕捞为业，因物产较为丰富，有较多的参与经商的人。生活在交通干线沿线、城市周边地区、矿藏资源丰富的彝族，经商、办企业者居多。而生活在风景名胜地区的人，则参加到旅游行业，从事导游、旅游商品开发、演艺等职业。

生产生活必需与职业。打造生产工具的铁匠，建造房屋的木匠，修建桥梁、房屋的石匠，擀制披毡的擀毡匠，制作首饰和工艺品的工匠等，在彝族地区到处都有。毕摩是彝族精神信仰、医疗卫生、人神鬼之间沟通必需的神圣师人，是一个具有崇高社会地位的职业。德古和苏易是依据彝族习惯法进行纠纷调解的民间法官，为彝族社会所必需。苏尼施行民间巫术，是彝族社会的特殊职业。还有唢呐匠、接生婆、货郎等特殊职业人群，他们多数不是专职但却是比较专业的职业，为彝族人民群众产生活所必需。

（二）传统职业的特征

在传统彝族社会，秋收之后一般都要举行狩猎活动。因此平常在田地中耕作的农民，此时就变成了猎人。集体狩猎，要在出猎之前，举行祭祀活动，请求山神保佑狩猎顺利，猎人平安，猎物丰收。个人或者单个家庭狩猎也要有一个简单的祈愿仪式。集体狩猎所获得的猎物，头和皮毛归打中猎物者，肉则所有参与狩猎者均分一份。就是个人狩猎，如果路人碰上，无论是否帮助围捕，都要分给一份。彝族谚语中“隔山打鸟，见者有份”说的就是这个意思。

采集只是彝族传统经济的补充，主要在植物果实、根块或可以食用、药用的部分成熟时，自由采集、储藏一些，以备利用。许多地方的彝族在端午节有采集草药的习惯，认为这个特殊节日所采集的草药，药的治疗效果要好于其他时间采集的草药。

农耕是彝族人的主要职业。从春种到秋收是农忙季节，主要劳动力都要投入到农业生产中去。彝族农耕所用生产工具主要有犁、锄、耙、弯刀、镰刀、斧、铲、箩、筐等；畜力是重要的生产力，牛用于耕作，少数彝族地区也把牛用于运输；马用于运输。彝族在古代曾经训练象作为畜力使用，在《大定府志》等志书中甚至有用象参加打仗的记载。由于农耕是彝族的主要生计，关于农耕的谚语非常多，如“屋后有山就放羊，屋前有坝就栽秧，屋侧有地就撒荞。”“刀耕火种煮一锅，精耕细作粮满屯。”“马具全套十二种，缺一还可骑；犁具共有十二件，缺一不能犁”等。与农耕相伴随的农事节日也比较多，如云南省祥云县传统的八月十五尝新节，巍山、峨山一带十月间举行的新米节，滇西北地区立冬日举行的颂牛节等。

传统幹毡工艺

工匠在彝族中具有特殊的地位。例如，凉山有的地区就把彝族划分为“兹”、“莫”、“毕”、“格”、“走”即君、臣、师、匠、奴五个等级，其中的“格”指的就是工匠等级。工匠在彝族古代社会中有特殊的地位，很受君长的器重。彝族《诺沤》中，专门记载有天君策举祖在婚期临近时，要建宫殿，就派遣人去找工匠够阿娄、叟汝尼来建宫殿；同时又记载了够阿娄、够诸与纳迤修建房屋，

够阿娄与葛阿德修建宫殿，施汝尼装饰宫殿等，上述这些都是古代著名的工匠，其中够阿娄、葛阿德被后来的工匠奉为祖师。在世代的传承中，够与葛形成了彝族中专门的工艺、工匠行业。在贵州省威宁彝族回族苗族自治县现在还有称为腊够和果铺的彝族，他们现在仍然以不同的工匠职业划分居住区域，居住在不同的地方。例如，腊构部分集中居住在一个区域，果铺部分集中居住在另外一个区域。

二、彝族当代的职业与就业状况

国家政策和社会发展对彝族职业和就业有着巨大的影响。新中国成立之初的社会变革，主要是以成立互助组，合作社和人民公社的形式把农民组织起来，以集体生产为主，劳动成果实行均等分配。20世纪80年代以后实行的统分结合的双层经营机制，特别是家庭联产承包责任制，把生产资料分给农户，极大地激发了彝族农民的生产积极性，生产力得到了一次大解放。在实行社会主义市场经济之后，彝族人民的职业状况开始发生较大的改变，个体经营、经商、办企业都是比较理想的职业选择。尤其是近年来，计划生育政策的不断推行，彝族人口结构发生了较大变化，家庭户均人口减少，赡养的人员减少，解放了一部分劳动力，于是这些富余劳动力开始向乡镇以外特别是省外、沿海地区转移，打工和经商形成了一种新的热潮。彝族在保持传统农耕、畜牧经济形态的同时，在职业上发生了变化，从事农牧业的人员逐渐减少，虽然减少的幅度不是很大，却为彝族就业的多样化奠定了基础。

2010年彝族分性别、行业人口中，彝族在劳动职业岗位上的人口占应该有职业的人口的比例为82.03%，而全国的总体比例是67.89%；汉族为67.44%；全国少数民族为73.28%，可见彝族的比例偏高。其中，从事农林牧渔业人口比例仍然高达82.62%；而全国总体比例为48.36％；汉族为46.42％；全国少数民族为69.43％；彝族从事农林牧渔业人口的比例太高，造成经济收入少。不过与传统经济结构相比，这已经是一个可喜的变化，已经有许多人从传统农林牧渔业中走出来，而且这一趋势不会改变，今后从事非农行业的人口将越来越多。从事非农行业的人口中，以制造业、批发和零售业、建筑业、住宿和餐饮业，以及公共管理和社会组织、教育居前六位，可以推知，批发和零售、住宿和餐饮以自主创业为主，制造业和建筑业中以打工者居多，而其余的两个行业主要是接受高、中等教育之后具有稳定职业的人群。从性别上看，女性多于男性的行业是农林牧渔业、批发和零售业、住宿与餐饮业、卫生社会保障和福利业、文化体育和娱乐业。在农林牧渔业中女性多于男性，这说明更多的男性从农业之中脱离出来，到外面打工去了。

传统银饰工艺

从职业分布的情况看，2010年彝族从事农林牧渔业的人口比例没有多大变化，仍然高达82.58％；而从事商业服务、生产运输设备操作及其有关人员的比例为12.43％，比例太小，生产和积累财富的手段

少；党政机关、企事业单位负责人、专业技术人员、办事人员和有关人员的比例也只有4.96%，说明彝族参加公共事务的从业人员少。

2010年，彝族未工作人口占总的应该有职业人口的17.97%；全国总体的比例为32.11%；汉族为32.56%；全国少数民族为26.71%；可知彝族的比例较低；除去正常离退休的1.02%人口外，也还有16.95%。其中，丧失工作能力的人口的比例高达26.88%，说明彝族较早丧失工作能力的人口较多。

彝族正在劳动岗位上的人口与全国的总体比例、汉族的比例和全国少数民族的比例相比较，休闲的人口较少；从事农林牧渔业的比例偏高，因此经济总量较小；从事工商业的人口比例小，财富占有量少，造成可以休闲、赋闲的人口比例低。因此，还需要大力提高转移农业人口的比例，从根本上改变重农轻商的传统思想，加大人口向外迁移的力度。

第三节　云南白药传奇

在人类发展的历程中，为了与自然抗争，保证人的生存与健康发展，彝族与各个民族一样，经过不断的实践、认识、试验与改进，发现了治疗疾病的药物，积累了卫生知识，形成了较为实用的医疗体系。现代世界医药已经是非常完备的科学体系，同时各民族都有自己独特的医药，有的已经十分成熟，被医学科学所吸收，比如，按照彝族传统药方配制而成的“云南白药”闻名遐迩。彝族有较为成熟的传统医学，有的是靠言传身教，世代相传；有的则用彝族古籍记载下来，传承下去。

在没有彝文之前，彝族医疗卫生知识主要靠口传面授；有了彝族文字之后，就被记载在彝文古籍之中。现在已经发掘出来的彝族传统医药文献以明代时期的比较多。专著有《启谷署》、《明代彝医书》、《双柏彝医书》、《医病好药书》、《造药治病书》、《医病书》、《老五斗彝族医药书》、《洼垤彝族医药书》、《此木都齐》等，这些是直接以医药之名出现的彝文古籍。其他古籍，如《宇宙人文论》、《西南彝志》、《劝善经》、《供牲献药经》、《献酒经》、《作祭经》、《普兹楠兹》、《尼苏夺节》、《查诗拉书》等，也有彝族的医学理论、医药知识。当代医学家通过钻研彝族古代医学理论特别是彝族古代方剂和治疗方法，撰写出了《彝族医药学》、《彝汉针灸学》、《彝医揽要》、《彝药志》、《彝医植物药》、《彝医动物药》、《楚雄彝州本草》、《彝族医疗保健》、《彝药验方 200 例》等著作，为推动彝族传统医疗知识向现代医学的转变起到了良好的作用。

《宇宙人文论》是一部哲学著作，同时也是一部医学、科学著作，内容丰富。其中记载：“没有天地之前，先有清浊二气，清气上升为天，浊气下降为地。天地产生之后，又不断发生变化，产生万物，孕育出人类的生命。”“万事万物的总根都是清浊二气，天地由它产生，哎哺、且舍由它产生。”这是清浊二气产生天地、哎哺等之后，人类和万物被演化、孕育出来的朴素唯物主义思想，它奠定了彝族医药的唯物观的科学根基，体现的是事物发展变化的观点。这种与原始宗教以唯心论为基础的认识论不同，它是彝族对物质世界包括人类产生和发展的客观的认识论上的一个飞跃。《彝族创世志》中认为：“世间万物，一切生命，都是产生于清浊二气的变化发展。”《西南彝志》中说：“千千的事物，万万的根子，产生于清浊。”这些哲学思想中包含有丰富的医疗卫生知识，是彝族医生了解自然、认识疾病和诊断治疗的原则，形成了彝族认为人的生老病死是清浊二气变化的结果，是自然规律的演变和发展在人的身体上发生作用的必然表现。

《宇宙人文论》还认为，人与天地、星象等是相对应的，天地的运

行与人体运行有对应的关系，还绘制出了天象的运行图、人体的脏腑图、人体的经络图等，体现了天人合一的思想。因此，彝医认为要了解自然，认识宇宙万物，特别是季节的变化，也要了解人的身体本身的生长变化，掌握生理变化与事物变化之间的关系，要把保护身体健康和预防疾病发生结合起来，顺应自然，抵御风寒酷暑侵袭。

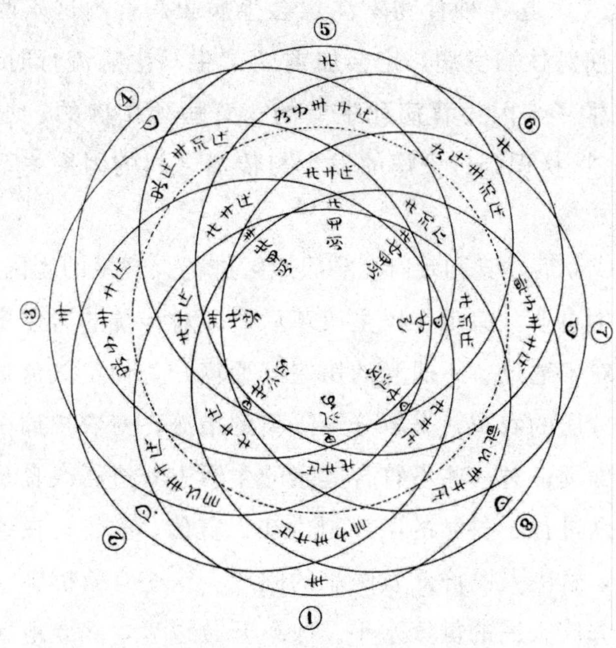

《宇宙人文论》中的清浊二气运行图

对于人为何会生病？彝族认为人类和万物既是清浊二气和阴阳变化形成，又与天地万物相通。《爨文丛刻》中说：“冬夏衣着乱，春秋两不适；时不顺，候不应，五行相克病。”认为违背气候自然顺序，逆时而动，是生病的重要原因。《西南彝志》中还说：“人死气血断，气出于七窍，大肠小肠间，脐底之上生。”认为没有了呼吸是人死亡的标志。彝医认为，人体上清气有三条路：第一条由心经过，第二条经过肝和肺，第三条发源于中焦。浊气也有三条路：第一条起源于中焦，经血海之前，到达于头顶上；第二条起源于头髓，经过臂膀；第三条起始于尾根，通过头顶，直达于耳底。这些是人体中重要的通道和气脉。人生病有时是气脉阻塞所致，有时是邪气浸染所生。《查诗拉书》中说："邪来人就病，邪来人就死。"邪包括各种瘴疠、寒热、干湿、传染病等。《劝善经》中说："人得麻风病，能互相传染。""吃各种食物不注意会生病腹泻；酒这东西是发病的药，病轻的使其饮酒发病，定会加重。""牛马生病流行时，要忌避，要好好封锁牛场，因为背病死牛粪的、背病死牛肉的、吃死牛肉的都会被传染。"认识到传染病的发生与传播之间的因果关系和食物致病的机理等。

新中国成立后，党和政府在彝族地区进行大规模的爱国卫生运动，发展医疗卫生事业。凉山在民主改革后，即对传统的居住房屋进行了科学改造，对不通风、不通光的房屋开通窗户，使空气流通，光线良好；对人畜共居的农户，采取分开隔离的措施；对农户周围、村寨环境进行清洁处理；对一些不符合健康的生活方式进行改良；特别是对广大彝族群众进行了科学的医疗卫生知识宣传、教育；在各个乡镇建立起卫生院，解决人民群众就医难的问题。这些有效措施大大改善和提高了凉山彝族人民的健康水平。改革开放以后，彝族地区医疗卫生事业得到了更大的发展，从事医疗、卫生事业的人员越来越多，给彝族人民带来了更多的医疗卫生服务。近年来，在新农村建设的热潮中，彝族地区在乡乡都有卫生院的基础上，村村都建起了卫生室，逐步实现小病不出村，大病不出县。特别是党和政府在广大农村实行新型农村合作医疗以来，彝族人民和全国人民一起享受到看病治疗能够报销的好政策，健康水平明显提高，人均寿命也在延长。

第四节　宇宙生化与十月历法

哲学是关于世界观、人生观、价值观的学问。哲学既研究物质世界，也研究非物质世界，特别是研究人类的认知与行为。世界各民族的哲学都是基于他们所生存的环境展开的思想。彝族有自己的哲学思想，彝族哲学思想起源于对宇宙的认识和对人自身的认识，同时思考人与自然界之间关系，得出彝族自己的看法。这些认识起初是以神话、传说、故事、史诗等形式在口头传承，后来被写成彝文古籍一代又一代流传下来。其中代表性的作品有《宇宙生化论》（土鲁窦纪）、《宇宙人文论》（土鲁立咪）、《西南彝志》（哎哺啥呃）、《梅葛》、《查姆》、《玛牧特依》、《尔比尔吉》、《裴妥梅尼》等。

一、有关宇宙的哲学思想

宇宙起源。彝族对于宇宙起源的认识，一是认为龙、虎化生宇宙。《梅葛》认为，天地万物是老虎化生的，说“远古没有天地之时，没有万物之时，虎头作天头，虎尾作地尾，虎鼻作天鼻，虎耳作天耳，左眼作太阳，右眼作月亮……”《尼苏夺节》说，天地不分之时的亿万年之前，是造天龙和造地龙“四千年造天，三千年造地，一共七千年，造好了天地。”二是认为神、人创造宇宙。《西南彝志》有“九男子造天，九女子造地”的记载。《梅葛》中有“格兹天神要造天，格兹天神要造地”的说法。三是认为清浊二气生宇宙。“哎哺”的彝语意思是“影、形、气、态”，这是彝族宇宙观的基本理论，是彝族古代哲学的基本观点。“哎哺啥呃”即《西南彝志》的原名，书中说：“天未产之时，地也不曾生，大空空的呢，大虚虚的呢！后来变化啦！出现了清气，出现了浊气。清气升上去，上去成为天；浊气降下来，下来成为地。”《彝族源流》中说：“哎未产生时，哺未出现时，先有清浊气。出现丝丝青气，沉沉红气。青气翻来变成哎，红气覆来变成哺。哎生天苍苍，哺生地茫茫。”《宇宙人文论》中说：“天地产生之后，天高高地张开，地大大地铺开，它俩又相结合，哎和哺同时产生。哎就是乾，哺就是坤。它们主管天地间的一切。银白色的乾和金黄色的坤又相结合，产生了扎银髻的哎父和戴金勒的哺女，一切白生生的、黄珍珍的事物产生了。”哎、哺是彝语，在不同的语境中表达不同的意义，有时是影、形，有时是清、浊，有时是青气、红气，有时是人类历史的最初时代等等。哎哺是彝族哲学的一对基本命题，也是彝族哲学元概念，无论是研究彝族哲学还是研究彝族历史，都要追溯到哎哺才能找到源头。

宇宙形态。大空空，大虚虚，黑沉沉，是宇宙产生之前的形态。然后是清青之气与红浊之气的升降变化产生天地。“天像一顶篾帽，地像一扇簸箕。”“天空高旷旷，大地平又圆。”“上有九重天”是一重一重变化生成的。这些思想与太阳系、银河系的形状像篾帽一样和太阳系有八大行星等，在认识上有相通和相同之处。

八方八卦与时空观念。彝族的时间和空间观念是紧密结合在一起的。彝族认为，清浊二气产生天地之后，又产生哎哺、日月，哎哺产生且舍，哎哺且舍分别掌管大地四方的转动。哎哺又产生五行，五行各主宰东西南北中一方。哎哺继续变化，宇宙有了四角、八方，这八方的彝语名称分别叫哎、哺、且、舍、鲁、朵、亨、哈，也是彝族八卦之名。彝族八卦属于伏羲八卦，与汉族八卦即文王八卦有明显区别。同时，彝族对空间的八方，分别叫作：日出方（东），龙方（东南），水尾方（南），羊方（西南），月入方（西方），狗方（西北），水头方（北），牛方（东北）。

彝族把一天的时间分为八段，依次是沙特（早晨）、则古（上午）、

马火（中午）、布节（下午）、姆斐（傍晚）、什作（黄昏）、恩阁（半夜）、划布磨（鸡叫）。彝族还创造出“八方年”的时空观：东方年名布多，东南方年名绿衣呼，南方年名依姆，西南方年名欲舌姑，西方年名布借，西北方年名起底呼，北方年名依巫，东北方年名尼舌姑。彝族认为八方年是恒星天、月亮天和太阳天三个天球运动的结果。对应八方年的还有彝族的八索占，就是毕摩在占卜的时候用细竹和草秆排列组合，产生的奇数和偶数的情况只有八种，以这八种数据形态来占卜吉凶及其程度，而这些正是发展出彝族八卦的基础。

二、事物变化发展的思想

事物是变化发展的。《查姆》认为：“天地间的事，地动是第一。万物在动中生，万物在动中演变。不动嘛不生，不动嘛不长。这就是天地的起始，这就是天地的来源。”《勒俄特依》中说：“混沌演出水是一，水越来越大是二，水渐渐消退是三，地面露光亮是四，亮中发出声是五，发声后是六，渐演渐变是七，岩层爆裂是八，世界形成又毁坏是九，地上生物全灭绝是十。是天地溶化史，溶化了十次，一次接一次，演化永无穷。”

雌雄与配对。《阿细的先基》认为万物是分雌雄的，“山分雌雄，石头分雌雄，草分雌雄，树分雌雄，人分男女……”雌雄观与清浊气等又发展成为阴阳思想。《西南彝志》认为：“日月来相配，大星小星配，白云黑云配，风水波配，地要树来配。没有不相配的鸟，没有不相配的兽，没有不相配的人。样样东西都相配，地上的东西才不绝。”这其中体现了对立统一与一分为二的朴素辩证法。

五生十成与十生五成。这是体现彝族对发展规律的认识。《宇宙人文论》认为：“宇宙产生后，又逐渐变化，产生了五行，各主一方……宇宙的八方，八方生出五行，从此以后地上凡间就有了生命。”“天地间的清浊二气、哎哺二门，金木水火土五行不断运转变化，就产生了万事万物。金木水火土相生相克，相互促进，互相制约，平衡发展，源远流长，就这样不断发展变化着。”“这五生十成，一、三、五、七、九，属阳以像天，天气产生了，十生五成呢，二、四、六、八、十，属阴以像地，地气产生了。”

三、有关人类的哲学思想

人类是从自然界产生和进化的。图腾生人是许多民族始祖传说的主要内容，彝族也有。《夷僰榷濮》中说：“凡人是水儿，生成在水中。”彝族还有比较普遍的龙生彝，虎生彝的图腾神话。天神造人在彝族经典《阿细的先基》中也有传述：“最初世界谁来造人？男神阿热，女神阿咪来造人。”特别是彝族关于生物进化之后，不断变化成人的思想，值得重视。彝族创世诗《阿赫希尼摩》完整叙述海里鱼变成岸上猴，岸上猴经七十二变才变成人的艰难而又漫长的历程，其中还特别突出了火及因火烧成的熟肉被猴子吃了才逐渐变成人——熟食对人类形成史上的重要作用。《查姆》中把人进化分为：第一代叫“拉爹”即独眼人，第二代叫“拉托”即直眼人，第三代叫“拉文”即横眼人。后来在三星堆出土的青铜人像中，还真的发现了“直目人”。

四、十月历法

彝族是有自己特点的历法，就是十月太阳历法。以太阳运转南北回归一个周期来作为一个年度划分时段，纪年月日。

彝族十月太阳历以十二属相轮回纪日，三个属相周期为一个时段即月，一个月为三十六天；三十个属相周期为一年，一年为十个月。十个月终结，另加 5～6 天为过年日，习惯上称为“过十月年”，平年过五天，全年为 365 天；每隔三年到第四年多加一天，即闰年（闰日）为 366 天。

这样调正岁差之后，每年平均为365.25天，与太阳回归年接近。

彝族把一年分五季，分别以土、铜、水、木、火为代表；一季为两个月，月分为公、母，即分为雌、雄或者阴、阳；这是彝族万物雌雄观的体现。一年十个月分别为：一月土公，二月土母；三月铜公，四月铜母；五月水公，六月水母；七月木公，八月木母；九月火公，十月火母。

十月年以观测太阳运动定冬夏，以北斗斗柄指向定寒暑。观测到太阳运动到最南点（日南至）为冬至，到最北点（日北至）为夏至。冬季傍晚观测到北斗斗柄正下指时为大寒，夏季傍晚观测到北斗斗柄正上指时为大暑。大寒时节择日过“十月年”，大暑时节择日过“火把节”。

每四年一闰为一个“八方年”，两闰为两个“八方年”周期。用“八方年”纪年法，使介于365日和366日之间的日期密近于回归年即365.2422日。

彝族十月太阳历，一年分为整数十月，一月恒等三个属相纪日周期，即等于三十六日整，不分大月小月，一年结束，下年元日属相只要往后推五或六个属相日即可。由于它比现在的通用公历和农历方便、整齐、准确而且便于记忆，得到了许多科学家的支持，20世纪末法国社会科学院专门举办了介绍彝族十月太阳历的报告会。

第五节　献山祭龙敬畏天地

人类生活在天地之间，并不是孤立的存在。人类在地球上产生，要靠自然条件生活，与周围环境密不可分。彝族居住的西南山区，山多、水多，天宽地广，林木茂盛，可以获取的生存资料比较丰富。彝族自古就有与自然和谐相处的思想观念，在向土地、森林、水源、阳光等自然资源索取生活资料的同时，有对贡献给人类以生存条件的大自然的感恩心情，也有征服自然的渴望，这是彝族献山、祭龙、敬天地等各种仪式活动的意义。

一、献山神

彝族有献山的传统活动。献山又叫祭山，一般在每年农历三月初三举行。同时，还有在狩猎之前献祭山神的活动。

一年一祭的献山仪式，一般由本村寨、本区域的毕摩主持，请不到毕摩，也可推品德端正、熟悉程序的寨老主持。祭品则根据献山的人数规模，可以用一只白公鸡、猪、羊甚至牛。祭场选择在离村寨较远的一座山上，有的是固定的，有的不固定。献山只有男人才能够参加，目的是祈求山林树木茂盛、猎物众多、赐福降瑞、保佑村民平安、人丁兴旺。仪式结束，祭品由参加的人员分食，男人们可以在祭祀后说些有关性、生育等方面的话题，举行一些唱歌、打趣等娱乐活动。

狩猎之前的祭山神，则是在秋冬之时举行集体狩猎行动之前，专门针对狩猎活动举办，目的是祈求山神赐给猎物，保证狩猎取得更多的成果，保佑猎人不受伤害。谚语中所说“山神不开口，老虎不拿猪”就是认为山林中的一切都是山神所管辖，没有山神的允许则会一无所获，这也有自然所赐给人类的也是有限的，不能无限索取，否则会受到山神的处罚。

二、祭祀土地神

一般固定在农历三月初三举行，是在村寨附近的一片神树林中选择一棵大树代表土地神进行祭祀。以贵州省纳雍县新房彝族苗族乡河头村陈学明毕摩举行的仪式为例，程序是先在神树下面插三对五倍子木杈，在其中一对上搭一根夹着十二片小木片代表十二个月的木棒，设一称为“恰措”的弓形神位，在神位前铺一段布，放一碗净水，另

外一碗装一枚鸡蛋和米。又设三棵木杈顶一根木棒的“额苦”神位，进行洁净礼仪之后，用一只白公鸡祭祀，祭毕举行祈求仪式。祭祀所用经籍为《献祭地神经》，经书中的祭词，对祭祀的目的和愿望有明确的诉求：“酒献地威高，酒献土名旺，献土地富贵，献土地志气，向竹木林中，耕牧的土地，基宅的土地神献酒。”“为送鸡而奠，得丰收，有盈余，稳稳当当，充足富余。”“送走灾难与祸患，送走战争与仇杀，送走倒霉与晦气，送走火光之灾难，送走窃贼与强盗，送走冰雹与旱灾，送走山塌与地陷……”可见彝族不光是对自己的生存关心，也关心土地要像人类一样威高名旺，富贵有志气，才能镇住突发的灾害；对山塌、地陷等自然的灾难也关心，把自然等同于人类一样，为它们祈福驱祸，山水土地无虞，才能保证人类无虞，以求得互相之间相安无事，而不仅仅是以人为中心，只顾人而罔顾自然。

三、祭龙与祭水

彝族祭龙活动比较普遍，几乎每个地方都曾经举行过。但是随着时间的推移，有的地方还保存着祭龙内容，有的地方已经演变为祭水。目前，保存祭龙仪式较为完整的是云南省红河、楚雄、玉溪等州市的一些县，这些地区祭龙称为“咪嘎豪”。黔西北地区的祭龙称为“鲁弄”。滇南地区石屏县、红河县等地的彝族，要在村寨附近选择一片茂密的树林作为“神树林”保护起来，并选择其中的一棵大树作为龙树，树下供奉一块鹅卵石或者一根石柱，作为龙神的“龙宫”。

祭龙分为每年的例行祭，有旱灾时祈雨祭，和每十二年一轮的大型祭。例行祭由毕摩或者公选的主祭人选择一个吉日——一般是龙日或者马日，率领全村寨的男人参与。有旱灾的祭龙则由大众提议，择日举行。而每十二年一轮的大祭，一般选择马年马月马日举行，要精选“龙头”即主“作呆颇”及其助手次“作呆颇”，和参与办理祭龙事务的工作人员布置祭场，准备祭品等。大祭设12个祭坛，依次为主祭坛、“统头借忱”、“错色冒德”、“付待冒”、“中摆母”、“停班兴”、“借兜”、“火库”、“中衣中火欧”、“必乃冒照”、“赫细米细顶”、“斜操”，各有祭品和寓意。大祭要精选一名品德优秀的人当“龙子”，祭祀开始先要迎“龙子”和“龙蛋”——象征性的石头，用“龙子”取来的净水清洗“龙蛋”，打猪、淹鸡，占卜，预测年景。公祭完毕，各家分到祭品后又再进行私祭。普通祭龙也有通用的程序，一是祭水井神，二是清扫家屋和染蛋献祖，三是祭献护寨神——先祖阿倮，四是驱撵虎豹豺狼，五是均分祭品，六是撒米花，七是参加祭龙的各家拿祭品回家祭祖先及其他神灵，八是立新寨门和祭献寨门。祭龙仪式有许多禁忌，只允许男性参加，迎龙子、取龙蛋、取净水等忌遇见妇女，有的地方还忌遇见路人。主祭人、龙子要品德高尚，行止纯正，村民在祭龙期间不得出村等。

小型的山水祭祀

祭龙和祭水的主要目的是为了祈求风调雨顺、五谷丰登、六畜兴旺、人丁发展。滇南彝族《祭龙经》中对此描述得非常清楚："请护佑人类，关照人和畜，万事都顺畅，有石莫拦路，有山莫拦足，知识赐给人，智慧给人类，过河河不深，上山山不高，赐寿给毕摩，佑家人兴旺，人丁多发展，佑六畜兴旺，让五谷丰登。"

四、祭树神

祭树神是彝族地区常见的祭祀。在祭龙、祭山等仪式中，常常是选择村寨附近的森林、山野的一棵大树作为代表，祭山则代表山神，祭龙则代表龙神，祭土地则代表土地神。最为直接的是，树代表的就是树神本身。树代表的是彝族信仰中沟通天地之间的津梁，是彝族柱崇拜的遗痕，也是彝族树木崇拜的直接反映。黔西北地区有专门祭祀树神的经籍《省舍多》，彝语直接翻译的意思就是"给树神投递祭品"，而这部经书也经常用来祭祀土地神。在贵州省威宁彝族回族苗族自治县东部地区，有以马桑树为崇拜物的痕迹，传说是因为这里是彝族英雄神王支嘎阿鲁的故地，他出生时被马桑树枝（彝语为支嘎）覆盖而得以生存，所以取名支嘎阿鲁。特别是黔西北地区的彝族在举行各种祭祀之前的洁净仪式"打醋坛"时，都要采一束马桑树枝与其他树枝放在烧红的石头上淬水才可以举行祭祀。

村寨附近的神树林，是受到严密保护的，有许多禁忌和规约，使人们不能随便破坏，为生态保护树立起好的榜样，建立起人与自然和谐相处的机制。

五、祭献天地日月星神

彝族有浓厚的自然崇拜信仰，这些信仰产生了天人感应、天人合一的思想。彝族的所有祭祀经籍，不论是口传的还是文字记载的，开头部分无一例外都是献祭天和地，然后再延及其他。特别是对于星星，彝族认为世间的人类与天上的星宿是一一对应的关系，“天上一颗星，地上一个人；天上一簇星，地上一家人；天上一箩星，地上一族人。星好人聪明，星蠢人也蠢；人活星明亮，人死星斗收。”地上的每一个人，在天上都有与之对应的星宿，天上星宿状况的好坏与明暗，是地上的人吉凶与祸福的表现，因此要采取必要的措施对天上的命运星宿进行管理——包括祭祀与治理等。彝族人认为多做善事，祭祀好神灵，神灵就会创造有利条件便于举办各种工程，造福于人类。贵州省纳雍县左鸠嘎乡坡其村的《扯凯箐岩刻》彝文中说：“善行迎来岁神，如十六条河汇成大江；善行迎来月神，适于建桥筑路；善行迎来日神，则利于拓土兴工。”彝族人死后，过去大多实行火葬，让身体彻底回归自然，不占用影响后代生存发展的土地。同时，让灵魂归位天上本人所属的星宿，达到天人合一的境地。

对天地神灵的祭祀，一方面是对天地日月送给人类良好的生活环境的感恩，对天地日月会带来灾害的敬畏；另一方面又是对天地日月的威逼利诱、警告和利用，把天地当人一样来看待，让生活在天地之间的人与整个自然界融合起来。

彝族爱护环境，崇尚自然，与大自然和谐相处的生态伦理观念，直至当代社会仍然体现出强大的生命力。彝族传统的火葬习俗，现在正在被大多数人和大多数地方接受和推行。在大跃进、大炼钢铁时期，许多地方的树木都砍伐殆尽，只有彝族村寨的树林被彝族人民保护下来；在“破四旧”、“文化大革命”中，许多地方的神树都被砍伐，只有彝族的神树被群众保护下来。直至现在，西南地区的绝大多数彝族村寨周围，还有许多郁郁葱葱的神树林、祠堂树林环绕，形成一道人文与自然和谐双美的生态景观。

参考文献

1. 国务院人口普查办公室，国家统计局就业和人口统计司编．中国 2010 年人口普查资料．北京：中国统计出版社，2012

2. 路遇主编．新中国人口五十年．北京：中国人口出版社，2004

3.《彝族简史》编写组，《彝族简史》修订本编写组．彝族简史．北京：民族出版社，2009

4. 李绍明，冯敏著．彝族．北京：民族出版社，1996

5. 周自强著．凉山彝族奴隶制研究．北京：人民出版社，1983

6. 贵州省民族研究所，毕节地区彝文翻译组．西南彝志选．贵阳：贵州人民出版社，1982

7. 王明贵，王显编译，王继超审订．彝族源流．北京：民族出版社，2005

8. 王允浩，黄宅中，贵州省毕节地区地方志编纂委员会点校．大定府志．北京：中华书局，2000

9. 普忠良，杨庆文，张炳廷．彝族．北京：中国水利水电出版社，2004

10. 陈久金，卢央，刘尧汉．彝族天文学史．昆明：云南人民出版社，1984

11. 白兴发．彝族文化史．昆明：云南民族出版社，2002

12. 陈金全，巴且日伙主编．凉山彝族习惯法田野调查报告．北京：人民出版社，2008

13. 楚雄州文联编．彝族史诗选（查姆卷）．昆明：云南人民出版社，2001

14. 楚雄州文联编．彝族史诗选（梅葛卷）．昆明：云南人民出版社，2001

15. 石连顺翻译整理．阿细颇先基．昆明：云南民族出版社，2003

16. 云南省人民文工团圭山工作组搜集，黄铁，杨智勇，刘绮，公刘整理．阿诗玛．北京：中国青年出版社，1980

17. 马立三，普学旺主编．祭龙经．昆明：云南民族出版社，1999

18. 冯元蔚译．勒俄特依．成都：四川民族出版社，1986

19. 吉格阿加翻译，且萨乌牛审订．玛穆特依．昆明：云南民族出版社，2005

20. 王继超，阿鲁舍峨主编．曲谷精选．贵阳：贵州民族出版社，1996

21. 王继超，余海．彝族传统信仰文献研究．贵阳：贵州民族出版社，2010

22. 巴莫曲布嫫．神图与鬼板．南宁：广西人民出版社，2004

23. 罗国义，陈英翻译，马学良审订．宇宙人文论．北京：民族出版社，1984

24. 易谋远著．彝族古宇宙论与历法研究．北京：科学出版社，2006

25. 易谋远．彝族史要．北京：社会科学文献出版社，2000

26. 康健，王子尧，王治新，何积全编．彝族古代文论．贵阳：贵州人民出版社，1997

27. 左玉堂主编．彝族文学史．昆明：云南民族出版社，2006

28. 郭思九主编．彝剧志．北京：文化艺术出版社，1991

29. 王子尧，刘金才主编．夜郎史传．成都：四川民族出版社，1998

30. 郭东风．彝族建筑文化探源．昆明：云南人民出版社，1996

31. 王天玺．宇宙源流论．昆明：云南人民出版社，1999

32. 伍雄武，普同金．彝族哲学思想史．北京：民族出版社，1998

33. 张纯德，龙倮贵，朱琚元．彝族原始宗教研究．昆明：云南民族出版社，2008

34. 李平凡，王明贵．彝族传统诗歌研究．贵阳：贵州民族出版社，2008

35. 朱文旭．彝语方言学．北京：中央民族大学出版社，2005

36. 方铁主编．西南通史．郑州：中州古籍出版社，2003

37. 刘尧汉，卢央．文明中国的彝族十月月历．昆明：云南人民出版社，1986

38. 梁红译注．万物的起源．昆明：云南民族出版社，1998

39. 王子国整理翻译．土鲁窦吉．贵阳：贵州人民出版社，1998

40. 朴永光．四川凉山彝族传统舞蹈研究．北京：民族出版社，2005

41. 四川省编写组，《中国少数民族社会历史调查资料丛刊》修订编辑委员会．四川省凉山彝族社会历史调查（综合报告）．北京：民族出版社，2009

42. 蒋彬，罗曲，米吾作主编．民主改革与四川彝族地区社会文化变迁研究．北京：民族出版社，2008

43. 曲木铁西．凉山彝族社会传统教育与现代教育的发展研究．北京：民族出版社，2000

44. 刘正发．凉山彝族家支文化传承的教育人类学研究．北京：中

央民族大学出版社，2007

45. 李虹主编．可乐考古与夜郎文化．贵阳：贵州民族出版社，2003

46. 巴莫阿依，黄建明编．国外学者彝学研究文集．昆明：云南教育出版社，2000

后记

本书是国家出版基金项目《中国少数民族人口丛书》中的彝族卷，是在罗焰女士的热情支持下开始的。为了全力支持我完成书稿，在全校上下迎接教育部本科教学合格评估的繁忙时刻，彝学研究院的陈兴才、禄玉萍、王俊、吴勰等同事分担了应该由我承担的许多工作，我女儿王小丰参加了书稿写作提纲的修改，我爱人丰艳创造了一个安静的环境，让我能够集中精力，顺利完成写作任务。

同时，陈鼎波先生和王显为本书提供了精美的插图照片，姜枫为本书提供了书眉图片。

值此书即将出版之际，谨对家人、朋友和同事们的大力支持，表示衷心感谢！

王明贵

2012 年 11 月 16 日

于毕节流沧河畔